ΘΕΟΔΩΡΟΥ Κ. ΠΑΠΑΛΟΪΤΖΟΥ

ΓΡΑΜΜΑΤΙΚΗ
της Δημοτικής

A GRAMMAR

OF

MODERN GREEK

By
THEODORE C. PAPALOIZOS

ΠΡΟΛΟΓΟΣ

Η γραμματική αυτή είναι γραμματική της νέας ελληνικής γλώσσας, όπως αυτή διαμορφώθηκε κατά τα τελευταία χρόνια. Είναι γραμμένη σύμφωνα με το μονοτονικό σύστημα και είναι <u>δίγλωσση</u>, κατάλληλη για Έλληνες και μη Έλληνες μαθητές.

Όλοι, όσοι διδάσκουν, ασφαλώς θα συμφωνούν ότι είναι πολύ δύσκολο για το ελληνόπουλο της αλλοδαπής να μάθει τη γραμματική της ελληνικής γλώσσας με τις κλίσεις της, τις πολλές εξαιρέσεις της κλπ. Γι αυτό προσπάθησα να απλοποιήσω τη γραμματική, όσο το δυνατό περισσότερο και να την κάμω προσιτή στα παιδιά και συνάμα αντικείμενο θεληματικής μελέτης.

<u>Η μέθοδος της γραμματικής</u> - Οι κλίσεις, όπως τις ξέραμε από την καθαρεύουσα, έχουν πειά καταργηθεί. Τα διάφορα ονόματα κατατάσσονται σε τρεις ομάδες, κατά γένη: αρσενικά, θηλυκά και ουδέτερα. Τα αρσενικά, σύμφωνα με τις καταλήξεις τους, χωρίζονται σε πέντε άλλες τάξεις. Το ίδιο συμβαίνει με τα θηλυκά και τα ουδέτερα.

Τα ρήματα, επίσης, χωρίζονται σε τέσσερις τάξεις, που τις λέμε συζυγίες. Οι συζυγίες σημειώνονται με τους αριθμούς 1,2,3, και 4.

Τα ρήματα της πρώτης συζυγίας ή τάξης τελειώνουν σε -<u>ω</u>, όπως είναι τα ρήματα έχω, γράφω, παίζω. Της δεύτερης σε -<u>ώ</u> (τονισμένο), όπως πεινώ, αγαπώ, περπατώ. Της τρίτης επίσης σε -<u>ώ</u> (τονισμένο), όπως ζω, μπορώ. Και της τέταρτης συζυγίας, που περιέχει ρήματα μέσης και παθητικής φωνής, και τα αποθετικά ρήματα, και τελειώνουν σε -<u>μαι</u>, όπως: δένομαι, λύνομαι, κοιμούμαι, κάθομαι, έρχομαι <u>κλπ.</u>

Η κλίση των ονομάτων, καθώς και των ρημάτων, γίνεται κατά στάδια: Ο μαθητής μαθαίνει πρώτα πως να βρίσκει την ονομαστική του πληθυντικού, όπως θεός- θεοί, πατέρας-πατέρες, πόλη - πόλεις, βιβλίο - βιβλία.
Μετά προχωρεί στην αιτιατική, ενικού και πληθυντικού όλων των ονομάτων και τέλος στη γενική.

Με τον ίδιο τρόπο μαθαίνει πρώτα τον ενεστώτα των ρημάτων όλων των συζυγιών, προχωρεί στον παρατατικό και αόριστο, μετά στους μελλοντικούς χρόνους και τέλος μαθαίνει τον παρακείμενο, υπερσυντέλικο και τετελεσμένο μέλλοντα.

Αφού ο μαθητής μάθει κάθε κλίση και χρόνο χωριστά κατόπιν γίνεται ανακεφαλαίωση των κλίσεων και όλων των χρόνων και συζυγιών.

Η γραμματική είναι γραμμένη με τέτοιο τρόπο, ώστε κάθε κεφάλαιο να μπορεί να αποτελέσει ιδιαίτερο και ξεχωριστό θέμα διδασκαλίας. Ο δάσκαλος μπορεί να δια-λέγει διάφορα θέματα, ανάλογα με τη δυσκολία που πα-ρουσιάζουν και να τα διδάσκει στις ανάλογες τάξεις.
'Οπως: στην τρίτη τάξη μπορεί να διδάξει μόνο τον πληθυντικό όλων των ονομάτων, τις δε άλλες πτώσεις στις άλλες τάξεις. Το ίδιο γίνεται και με τα ρήματα: Στις μικρές τάξεις διδάσκονται ο ενεστώτας, παρατατικός και αόριστος και στις άλλες τάξεις οι υπόλοιποι χρόνοι.
Η πέμπτη και η έκτη τάξη μπορούν να ακολουθήσουν την σειρά του βιβλίου.

Η γραμματική συνοδεύεται από ΒΙΒΛΙΟ ΑΣΚΗΣΕΩΝ στο οποίο ο μαθητής μπορεί να εκγυμνάζεται και να εφαρμόζει αυτά που μαθαίνει. Οι διδάσκοντες πρέπει να επιμένουν και να προτρέπουν τον μαθητή στην συμπλήρωση των ασκή-σεων.

Θεόδωρος Κ. Παπαλοΐζος, Ph. D.

-II-

INTRODUCTION

This book is a bilingual grammar of the modern Greek Language. Left hand side pages are in Greek and right hand pages in English. Pages with an asterisk are both in Greek and English.

The grammar of Modern Greek has in the last few years undergone many changes. Most important was the abolition of the system of accents and breathing marks.

Until a few years ago, Greek words received one of two accents: acute (´) or circumflex (ῆ). Example: νερό, τρώγω, παίζω, βροχή, μῆλο, ἀγαπῶ, ἐδῶ. Words beginning with a vowel received either a smooth (᾿) or a rough (῾) breathing mark. Ex.: Ἑλλάδα, ἥρωας, Ἑλένη, οὐρανός, αὐτός, ἔλα.

In the new system, called monotonic (which means only one accent), a word receives an accent on the accented syllable. Monosyllabic words do not receive an accent. (There are a few exceptions). Breathing marks have been completely abolished.

Greek grammar is highly inflectional. Nouns, adjectives, and pronouns are inflected and verbs are conjugated. This may present some difficulty to the foreign student. However, specific rules make the study easier.

The book does not follow a strict order in presenting the different subjects. You will find the following order:
Present tense of the verbs, groups 1-4.
Masculine words.
Feminine words.
Neuter words.

Future tenses of the four groups of verbs.
Objective case, singular and plural of the masculines, feminines and neuters.
Recapitulation of the declension of nouns.
Adjectives, their declension and their degrees, comparative and superlative.
Present perfect, Past perfect and Future perfect of the verbs
Recapitulation of the conjugation of the verbs.
Pronouns
Prepositions
Conjunctions

Each subject can be studied separately without following the order of the book.

There is a table of contents and an Index in the beginning of the book. A WORKBOOK accompanies the grammar, where the student can find numerous exercises to enhance his/her study. Also an ANSWERS TO EXERCISES OF THE WORKBOOK is avaiable.

THE AUTHOR

ΠΕΡΙΕΧΟΜΕΝΑ

TABLE OF CONTENTS

INDEX

ΓΡΑΜΜΑΤΙΚΗ ΤΗΣ ΔΗΜΟΤΙΚΗΣ*

1. Γράμματα

Η Ελληνική γλώσσα έχει 24 γράμματα:

α	Α	άλφα
β	Β	βήτα
γ	Γ	γάμα
δ	Δ	δέλτα
ε	Ε	έψιλο
ζ	Ζ	ζήτα
η	Η	ήτα
θ	Θ	θήτα
ι	Ι	γιώτα
κ	Κ	κάπα
λ	Λ	λάμδα
μ	Μ	μι
ν	Ν	νι
ξ	Ξ	ξι
ο	Ο	όμικρο
π	Π	πι
ρ	Ρ	ρο
σ	Σ	σίγμα
τ	Τ	ταφ
υ	Υ	ύψιλο
φ	Φ	φι
χ	Χ	χι
ψ	Ψ	ψι
ω	Ω	ωμέγα

---

* Pages with an asterisk(*) are pages for both Greek and English students.

A GRAMMAR OF MODERN GREEK *

1. The Greek Alphabet has 24 letters:

Small letters	Capital letters	name	Sound
α	A	alpha	like **a** in father
β	B	beta	like **v** in **victory**
γ	Γ	gamma	like **y** in **yes, yonder**
δ	Δ	delta	like **th** in **this**
ε	E	epsilon	like **e** in **bet**
ζ	Z	zeta	like **z** in **zone**
η	H	eta	like **ee** in **beet**
θ	Θ	theta	like **th** in **thin**
ι	I	iota	like **i** in **it**
κ	K	kappa	like **c** or **k** in **cook**
λ	Λ	lamda	like **l** in **lemon**
μ	M	mi	like **m** in **mother**
ν	N	ni	like **n** in **none**
ξ	Ξ	xi	like **x** in **ax**
o	O	omikro	like **o** in **onward**
π	Π	pi	like **p** in **pop**
ρ	P	rho	like **r** in **roar**
σ	Σ	sigma	like **s** in **see**
τ	T	taf	like **t** in **two**
υ	Y	ipsilon	like **e** in **leaf**
φ	Φ	fi	like **f** in **leaf**
χ	X	hi	like **h** in **hat**
ψ	Ψ	psi	like **ps** in **lips**
ω	Ω	omega	like **o** in **onward**

---

* Pages with an asterisk(*) are pages for both Greek and English students.

2. Φωνήεντα και σύμφωνα

Από τα 24 γράμματα μόνο 7, τα

αΑ, εΕ, ιΙ, ηΗ, υΥ, οΟ, ωΩ

μπορούν να φτιάχνουν μόνα τους συλλαβές και λέγονται **φωνήεντα.** π.χ.
α-έ-ρας, **ἰ**-σκιος, **η**-μέ-ρα, **ὐ**-στε-ρα, **ὀ**-ταν, **ὠ**-ρα

Τα υπόλοιπα 17, τα:

βΒ, γΓ, δΔ, ζΖ, θΘ, κΚ, λΛ, μΜ, νΝ, ξΞ, πΠ
ρΡ, σ,ς Σ, τΤ, φΦ, χΧ, ψΨ

δεν μπορούν να φτιάχνουν μόνα τους συλλαβές· πρέπει να πάρουν
κάποιο φωνήεν. Αυτά λέγονται **σύμφωνα.** Π.χ. η-μέ-**ρα**, ά-**λο**-**γο**

4. Δίψηφα

Πολλές φορές βάζουμε δυο φωνήεντα μαζί για να κάμουμε ένα άλλο
φωνήεν. Αυτά τα φωνήεντα λέγονται **δίψηφα.** Τα δίψηφα είναι:

αι = ε   και   ου   ουρανός
οι = ι   οι πολλοί
ει = ι   λέει
υι = ι   υιός

῎Εχουμε και δυό συνδυασμούς:

αυ κάνει **αφ** ή **αβ**   **αυτός - αυγό**

ευ κάνει **εφ** ή **εβ**   **ευτυχία - ευλογία**

5. Δίψηφα σύμφωνα

Πολλές φορές βάζουμε δυό σύμφωνα μαζί για να κάμουμε ένα άλλο
φθόγγο (sound). Αυτά είναι τα **δίψηφα σύμφωνα:**

μπ όπως στη λέξη **μπαμπάς**
ντ όπως στη λέξη **πάντοτε**
γκ όπως στη λέξη **αγκαλιά**
τσ όπως στη λέξη **έτσι**
τζ όπως στη λέξη **τζάκι**

2. Vowels and Consonants

Of the 24 letters only seven are vowels:

αΑ, εΕ, ιΙ, ηΗ, υΥ, οΟ, ωΩ

They may form syllables by themselves, as: **α-έ-ρας** (air), **ί-**σκιος (shade), **η**-μέ-ρα (day), **ὐ**-στε-ρα (after), **ὀ**-ταν (when), **ὠ**-ρα (hour)

The other 17 letters are consonants:

βΒ, γΓ, δΔ, ζΖ, θΘ, κΚ, λΛ, μΜ, νΝ, ξΞ, πΠ, ρΡ,
σ,ς Σ, τΤ, φΦ, χΧ, ψΨ

They form syllables by combining with vowels, as: η-**μ**έ-ρα (day), ἀ-**λ**ο-**γ**ο (horse)

4. Digraphs - There are 7 combinations of vowels or digraphs:

αι = ε	like **e**	in let
οι = ι	like **i**	in it
ει = ι	like **i**	in it
υι = ι	like **i**	in it
ου = οο	like **oo**	in look

There are also two other combinations:

αυ = αφ - like **af**	in **af**ter	αυτός - this
αυ = αβ - like **ov**	in l**ov**e	αυγό - egg
ευ = εφ - like **ef**	in l**ef**t	ευτυχία - happiness
ευ = εβ - like **ev**	in **ev**ery	ευλογία - blessing

5. Double consonants - Two consonants form sometimes another sound:

μπ	like **b**	in boy	- μπαμπάς	- father
ντ	like **d**	in dog	- ντὐνω	- I dress
γκ	like **g**	in gang	- αγκαλιά	- embrace
τσ	like **ts**	in tsetse	- ἐτσι	- thus
τζ	like **dg**	in dodge	- τζάκι	- fire place

6. Τόνοι

Κάθε λέξη που έχει περισσότερες από μια συλλαβή παίρνει ένα τόνο (´) στη συλλαβή που τονίζεται:

του το μια   τώρα, άνθρωπος, τετράδιο

7. Ἄρθρα - (Articles)

Ἄρθρα είναι οι μικρές λέξεις που μπαίνουν μπροστά από τα ονόματα, για να μας δείχνουν το γένος (gender) (αρσενικό, θηλυκό και ουδέτερο).

Αυτά είναι:

<u>Ενικός αριθμός</u>   <u>Πληθυντικός αριθμός</u>

ο, η, το   = the   οι, οι, τα = the
ένας, μία, ένα   = a, an, one

Π.χ. ο πατέρας, η μητέρα, το παιδί
     οι πατέρες, οι μητέρες, τα παιδιά
     ένας μαθητής, μια μαθήτρια, ένα αγόρι
     μαθητές, μαθήτριες, αγόρια

9. Συλλαβές

Οι λέξεις μπορεί να έχουν μια, δυο, τρείς ή περισσότερες συλλαβές.

Μια λέξη που έχει μια συλλαβή ονομάζεται **μονοσύλλαβη**. Π.χ. φως, που, το, τι

Μια λέξη που έχει δυο συλλαβές ονομάζεται **δισύλλαβη.** Π.χ. χα-ρά, τώ-ρα, μή-λο

Μια λέξη που έχει τρείς συλλαβές ονομάζεται **τρισύλλαβη. Π.χ. βι-βλί-ο, άν-θρω-πος, πα-τέ-ρας, μη-τέ-ρα**

Μια λέξη που έχει περισσότερες από τρείς συλλαβές ονομάζεται **πολυσύλλαβη.** Π.χ. τε-τρά-δι-ο, νο-σο-κο-μεί-ο, τη-λέ-φω-νο

Η τελευταία συλλαβή μιας λέξης ονομάζεται **λήγουσα.** Στη λέξη <u>άνθρωπος</u> το **-πος,** είναι λήγουσα.

6. Accent

Each word of more than one syllable takes an accent (´)

το, δυο, μου, τους no accent (one-syllable words)
τώρα, άνθρωπος, τετράδιο

7. Articles

Articles are the small words that precede nouns and adjectives. In Greek they identify with the gender of the word (masculine. feminine and neuter).

The articles are:

Singular number		Plural number	
Definite article: o, η, το = the		οι, οι, τα = the	
Indefinite article: ένας, μία, ένα =		a, an, one	

ο πατέρας	= the father	η μητέρα	= the mother
το παιδί	= the child		
οι πατέρες	= the fathers	οι μητέρες	= the mothers
τα παιδιά	= the children		
ένας μαθητής	= a pupil	μια μαθήτρια	= a pupil (girl)
ένα αγόρι	= a boy		
μαθητές	= pupils	μαθήτριες	= pupils (girls)
αγόρια	= boys		

9. Syllables

Words are made of one, two, three or more syllables. Words of one syllable are called **monosyllabic.**
Ex. φώς = light, πού; = where,
και = and, τι; = what?
Words of two syllables are **disyllabic.** Ex.
ο Θε-ός = the God, η κό-ρη = the girl, το μή-λο = the apple

Words of three syllables are **trisyllabic.** Ex.
το βι-βλί-ο = the book, ο άν-θρω-πος = the man
ο πα-τέ-ρας = the father, η μη-τέ-ρα = the mother

Words of more than three syllables are **polysyllabic.** Ex.
το τε-τρά-δι-ο = the tablet, το νο-σο-κο-μεί-ο = the hospital
το τη-λέ-φω-νο = the telephone

The last syllable of a word is called **penult.**
In the word άν-θρω-πος **-πος,** is the penult.

Η συλλαβή που είναι μπροστά από τη λήγουσα ονομάζεται **παραλή-γουσα**. Στη λέξη άν-θρω-πος παραλήγουσα είναι το **-θρω**.

Η συλλαβή που είναι μπροστά από την παραλήγουσα λέγεται **προπαραλήγουσα**. Στη λέξη **άν**-θρω-πος το **αν-** είναι προπαραλήγουσα.

10. Συλλαβισμός

Συλλαβισμός είναι ο χωρισμός των λέξεων σε συλλαβές. Γίνεται δε με τους εξής κανόνες (rules):

α. Ένα σύμφωνο ανάμεσα σε δυό φωνήεντα συλλαβίζεται (goes with) με το δεύτερο φωνήεν. Π.χ. τρώ-**γ**ω, έ-**ν**ας, κα-**λ**ός

β. Δυό όμοια (similar) σύμφωνα χωρίζονται. Το ένα συλλαβίζεται με τη μια συλλαβή και το άλλο με την άλλη. Π.χ. θά-λα**σ-σ**α, ά**μ-μ**ος, ά**λ-λ**ος

γ. Δυο σύμφωνα ανάμεσα σε δυο φωνήεντα συλλαβίζονται με το δεύτερο φωνήεν, αν υπάρχει ελληνική λέξη που ν᾽ αρχίζει απ᾽ αυτά τα σύμφωνα. Π.χ. ό-πλο (υπάρχει λέξη που αρχίζει από **πλ-** πλένω), έ-βγα-λα (η λέξη βγάζω αρχίζει από **βγ),** κε-φτές (η λέξη φτερό αρχίζει από **φτ**).

Αλλιώς χωρίζονται και το πρώτο σύμφωνο πάει με την προηγούμενη συλλαβή και το άλλο με την επόμενη. Π.χ. έρ-χο-μαι (το **ρ** και το **χ,** χωρίζονται γιατί δεν υπάρχει ελληνική λέξη που ν᾽ αρχίζει από **ρχ**.

Περ-πα-τώ (το **ρ** και το **π** χωρίζονται, γιατί δεν υπάρχει ελληνική λέξη που ν᾽ αρχίζει από **ρπ**).

δ. Τρία ή περισσότερα σύμφωνα ανάμεσα σε δυό φωνήεντα συλλαβί-ζονται με το ακόλουθο φωνήεν, αν υπάρχει ελληνική λέξη που ν᾽ αρχίζει από τα δυό πρώτα τουλάχιστον απ᾽ αυτά. Π.χ. ά-στρο (τα σύμφωνα **στρ** δεν χωρίζονται και πηγαίνουν όλα με το ακόλουθο φωνήεν, γιατί υπάρχει ελληνική λέξη που αρχίζει από τα γράμματα αυτά: **στρώμα**).

Αλλιώς χωρίζονται και το πρώτο σύμφωνο πάει με το προηγούμενο φωνήεν και τα άλλα με το επόμενο. Π.χ. άν-θρω-πος (τα σύμφωνα **νθρ** χωρίζονται, γιατί δεν υπάρχει ελληνική λέξη που ν᾽ αρχίζει από τα γράμματα **νθρ**).

The syllable preceding the penult is called **penultimate.** In the word ἀν-θρω-πος the syllable **-θρω** is the penultimate.

The syllable before the penultimate is the **antepenult.**
In the word ἀν-θρω-πος the syllable **ἀν-** is the **antepenult.**

10. Syllabication

The separation of words into syllables is called **syllabication.** It follows certain rules:

a. A consonant between two vowels is divided with the second consonant.

> τρώ-**γ**ω = I eat   ἐ-**ν**ας = one   κα-**λ**ός = good

b. Two similar consonants following each other are separated.

> θά-λασ-σα = sea   ἀμ-μος = sand   ἀλ-λος = other

c. Two consonants between two vowels are divided with the second vowel if there is a Greek word beginning with these consonants. Ex. ὁ-πλο = weapon (there is a word beginning with **πλ**-πλένω), ἐ-βγα-λα (the word βγάζω begins with **βγ**), κε-φτές (the word φτερό begins with **φτ**).

Otherwise they are divided the first with the preceding syllable and the other with the following. Ex.: ἐρ-χο-μαι (**ρ** is separated from the **χ** because there is no Greek word beginning with the letters **ρχ**). Περ-πα-τώ (**ρ** and **π** are separated because there is no Greek word beginning with **ρπ**).

d. Three or more consonants between two vowels are divided with the following vowel if there is a Greek word beginning with the first two. Ex. α-στρο (the consonants **στρ** are divided with the following syllable because there is a Greek word beginning with these letters, στρώ-μα).

Otherwise they are divided, the first with the preceding syllable and the other two with the following. Ex.: ἀν-θρω-πος (the consonants **νθρ** are separated because there is not a Greek word beginning with the letters **νθρ**).

ε. Τα δίψηφα σύμφωνα **μπ, ντ, γκ, τζ, τσ,** δε χωρίζονται. Π.χ. πέ-ντε, α-γκα-λιά, μπα-μπάς, έ-τσι, τζί-τζι-κας.

στ. Οι σύνθετες λέξεις συλλαβίζονται με τους ίδιους κανόνες. Όπως: εί-σο-δος, προ-σέ-χω

10. Γένη - Genders

Έχουμε τρία γένη: **Το αρσενικό, το θηλυκό και το ουδέτερο.**

Το αρσενικό (masculine) έχει το άρθρο **ο** ή **ένας.** Π.χ. ο άνθρωπος, ένας άνθρωπος.

Το θηλυκό (feminine) έχει το άρθρο **η** ή **μια.** Π.χ. η μητέρα, μια μητέρα.

Το ουδέτερο (neuter) έχει το άρθρο **το** ή **ένα.** Π.χ. το παιδί, ένα παιδί.

12. Επίθετα

Τα επίθετα είναι λέξεις που φανερώνουν τι λογής είναι τα ουσιαστικά.

Ο **καλός** Θεός - η λέξη **καλός** είναι επίθετο, γιατί μας λέει πως είναι ο Θεός.

Ο **πράσινος** κήπος - η λέξη **πράσινος** είναι επίθετο, γιατί μας λέει πως είναι ο κήπος.

Ο **ψηλός** άνθρωπος, η **ωραία** κόρη, το **μεγάλο** σχολείο, ο **φρόνιμος** μαθητής, η **μικρή** κότα.

Τα επίθετα έχουν τρία γένη, αρσενικό, θηλυκό και ουδέτερο.

ο **καλός** πατέρας	ο **μεγάλος** σκύλος	ο **ωραίος** κήπος
η **καλή** μητέρα	η **μεγάλη** γάτα	η **ωραία** κόρη
το **καλό** παιδί	το **μεγάλο** πουλί	το **ωραίο** φόρεμα

13. Τα σημεία της στίξης

Τα σημεία της στίξης είναι:

1. **η τελεία (.)** Τη βάζουμε στο τέλος μιας φράσης. Σταματούμε λίγο, όταν διαβάζουμε.

2. **η άνω τελεία (·)** Χωρίζει δυο μέρη στην ίδια φράση. Σταματούμε λιγότερο από ότι στην τελεία.

e. The consonant combinations **μπ, ντ, γκ, τζ, τσ** are not divided. Ex.: μπα-μπάς, πέ-ντε, α-γκα-λιά, έ-τσι, τζί-τζι-κας.

f. The compound words are syllabized according to the above rules. Ex. εί-σο-δος, προ-σέ-χω

11. Genders

There are three genders, masculine, feminine and neuter. Ex.:

ο άνθρωπος	- man	masculine
η γυναίκα	- woman	feminine
το παιδί	- child	neuter

12. Adjectives

Adjectives are words that qualify nouns.

ο **καλός** άνθρωπος - the good man

ο **πράσινος** κήπος - the green garden

ο **ψηλός** άνθρωπος - the tall man
το **μεγάλο** σχολείο - the big school

η **ωραία** κόρη - the beautiful girl

Adjectives have three genders: masculine, feminine and neuter.

ο **καλός** πατέρας - the good father (m)
η **καλή μητέρα** - the good mother (f)
το **καλό** παιδί - the good boy (n)

A ο **ωραίος** κήπος - the beautiful garden (m)
η **ωραία** κόρη - the beautiful girl (f)
το **ωραίο** φόρεμα - the beautiful dress (n)

13. Punctuation Marks

The period (.) - η τελεία

The semicolon (·) η άνω τελεία

3. **το κόμμα (,)** Σταματούμε πολύ λίγο.

4. **το ερωτηματικό (;)** Το βάζουμε στο τέλος μιας φράσης, όταν ρωτούμε.

5. **το θαυμαστικό (!)** Το βάζουμε, όταν θαυμάζουμε.

6. **η διπλή τελεία (:)** Τη βάζουμε: μπροστά από λόγια που τα αναφέρουμε κατά λέξη, όταν κάνουμε απαρίθμηση, όταν θέλουμε να επεξηγήσουμε κάτι, μπροστά από παροιμίες και γνωμικά.

7. **η παρένθεση ( )** Κλείνει μια φράση που εξηγεί τα λόγια μας.

8. **Τα αποσιωπητικά (...)** Σταματούμε γιατί δε θέλουμε να πούμε κάτι.

9. **η παύλα (-)** Τη χρησιμοποιούμε στον διάλογο.

10. **Τα εισαγωγικά («   »)** Κλείνουμε μέσα τα λόγια άλλου προσώπου τίτλους βιβλίων, εφημερίδων κλπ.

14. Ρήματα - Verbs

α. Τα ρήματα είναι λέξεις που φανερώνουν ότι **κάνουμε** κάτι, **παθαίνουμε** κάτι ή ότι **βρισκόμαστε σε μια κατάσταση.**

Ο Γιώργος διορθώνει το ποδήλατό του. (Ο Γιώργος κάνει κάτι). Το ποδήλατο **διορθώνεται** από τον Γιώργο. (Το ποδήλατο παθαίνει κάτι).

Ο Γιώργος **ξεκουράζεται.** (Ο Γιώργος βρίσκεται σε μια κατάσταση).

Ο Γιώργος **κοιμάται.** (Ο Γιώργος βρίσκεται σε μια κατάσταση).

β. Τα ρήματα έχουν πρόσωπα (persons)

πρώτο πρόσωπο	- εγώ	
δεύτερο πρόσωπο	- εσύ	(όλα στον Ενικό
τρίτο πρόσωπο	- αυτός, αυτή, αυτό	αριθμό)
πρώτο πρόσωπο	- εμείς	
δεύτερο πρόσωπο	- εσείς	(όλα στον πληθυντικό
τρίτο πρόσωπο	- αυτοί, αυτές, αυτά	αριθμό)

The comma (,) το κόμμα

The question mark (;) το ερωτηματικό

The exclamation mark (!) το θαυμαστικό

The colon (:) η διπλή τελεία

The parentheses, (   ) η παρένθεση

The ellipsis (...) τα αποσιωπητικά

The dash (-) used at the beginning of a dialogue - η παύλα

The quotation marks («   ») τα εισαγωγικά.

14. The Verb

a. A verb is a word that expresses action or state of being.

Ο Γιώργος **διορθώνει** το ποδήλατό του.
George repairs his bicycle. (action)

Το ποδήλατο **διορθώνεται από τον Γιώργο**.
The bicycle is repaired by George. (The bicycle is being repaired - state of being).

Ο Γιώργος ξεκουράζεται.
George rests. (State of being)

b. **A verb has persons:**

First	- I	- εγώ
Second	- you	- εσύ
Third	- he, she, it	- αυτός, αυτή, αυτό
First plural	- we	- εμείς
Second plural	- you	- εσείς
Third plural	- they	- αυτοί, αυτές, αυτά

γ. Τα ρήματα έχουν **χρόνους** (tenses):

Ένας χρόνος είναι ο **ενεστώτας** (present tense) που φανερώνει ότι κάνουμε κάτι τώρα (εξακολουθητικά - continuously) ή φανερώνει μια συνηθισμένη πράξη:

Τρώγω το πρόγευμά μου (τώρα, εξακολουθητικά)
Κάθε πρωΐ **τρώγω** το πρόγευμά μου (συνηθισμένη πράξη)

Ο ενεστώτας κλίνεται έτσι:

(εγώ) γράφω	- I write
(εσύ) γράφεις	- you write
(αυτός, αυτή, αυτό) γράφει	- he, she, it writes
(εμείς) γράφουμε	- we write
(εσείς) γράφετε	- you write
(αυτοί, αυτές, αυτά) γράφουν	- they write

δ. Τα ρήματα χωρίζονται, ανάλογα με την κατάληξη που έχουν στον ενεστώτα, πρώτο πρόσωπο, σε τέσσερις ομάδες ή συζυγίες.

Τα ρήματα της πρώτης ομάδας ή συζυγίας τελειώνουν σε -ω (άτονο), και τα σημειώνουμε με τον αριθμό 1. Π.χ. γράφω (1), παίζω (1), τρώγω (1).
Μερικά ρήματα της α συζυγίας:

αγοράζω	= I buy	λάμπω	= I shine
ακούω	= I hear	λέγω (λέω)	= I say
ανάβω	= I light		
ανεβαίνω	= I go up, I ascend	μαθαίνω	= I learn
ανοίγω	= I open	μαλώνω	= I quarrel
αρχίζω	= I begin	μεγαλώνω	= I grow up
αφήνω	= I leave	μένω	= I stay
		μπαίνω	= I enter
βάζω	= I put		
βγάζω	= I take off	νομίζω	= I think
βλέπω	= I see	ξαναγυρίζω	= I return
γνωρίζω	= I know	ξαπλώνω	= I lie down
γράφω	= I write	ξέρω	= I know
γυρίζω	= I turn, I return		

C. A verb has tenses:

The **Present Tense** denotes an action that is taking place now, also a habitual action.

Τρώγω το πρόγευμά μου - I eat my breakfast (now)
Κάθε πρωί τρώγω το πρόγευμά μου - Every morning I eat my breakfast (habitual action).

(εγώ)*	γράφω	- I write
(εσύ)	γράφεις	- you write
(αυτός, αυτή, αυτό)	γράφει	- he, she, it writes
(εμείς)	γράφουμε	- we write
(εσείς)	γράφετε	- you write
(αυτοί, αυτές, αυτά)	γράφουν	- they write

*The personal pronoun is omitted when we conjugate the verb, since the endings give the person.

d. Verbs are divided, according to their present tense first person ending, in 4 groups or conjugations.
Verbs of the first conjugation end in - ω. We mark each verb by its group number. Ex.: γράφω (1), παίζω (1), τρώγω (1).

A partial list of verbs in the first conjugation follows:

αγοράζω	= I buy	λάμπω	= I shine
ακούω	= I hear	λέγω (λέω)	= I say
ανάβω	= I light	μαθαίνω	= I learn
ανεβαίνω	= I go up, I ascend	μαλώνω	= I quarrel
ανοίγω	= I open	μεγαλώνω	= I grow up
αρχίζω	= I begin	μένω	= I stay
αφήνω	= I leave	μπαίνω	= I enter
βάζω	= I put		
βγάζω	= I take off	νομίζω	= I think
βλέπω	= I see	ξαναγυρίζω	= I return
γνωρίζω	= I know	ξαπλώνω	= I lie down
γράφω	= I write	ξέρω	= I know
γυρίζω	= I turn, I return		

		παίζω	= I play
δείχνω	= I show	παίρνω	= I take
διαβάζω	= I read, I study	περιμένω	= I wait
διδάσκω	= I teach	πηγαίνω	= I go
δίνω	= I give	πίνω	= I drink
δουλεύω	= I work	πιστεύω	= I believe
δυναμώνω	= I become strong		
		ρίχνω	= I throw
ελπίζω	= I hope	τελειώνω	= I finish
ζηλεύω	= I am jealous	τρέχω	= I run
θέλω	= I want	τρώγω	= I eat
καίω	= I burn		
καταλαβαίνω	= I understand	φέρνω	= I bring
κατεβάζω	= I bring down, I lower	φεύγω	= I leave
κατεβαίνω	= I go down	φροντίζω	= I take care
κερδίζω	= I win, I gain	φτάνω	= I arrive, I reach
κλαίω	= I cry, I weep	φυλάγω	= I keep
κλείω (κλείνω)	= I close	φωνάζω	= I shout
κόβω	= I cut		
κοιτάζω	= I look	χάνω	= I lose
κρύβω	= I hide	χορταίνω	= I am filled, I
κρυώνω	= I am cold		am satiated

		παίζω	= I play
δείχνω	= I show	παίρνω	= I take
διαβάζω	= I read, I study	περιμένω	= I wait
διδάσκω	= I teach	πηγαίνω	= I go
δίνω	= I give	πίνω	= I drink
δουλεύω	= I work	πιστεύω	= I believe
δυναμώνω	= I become strong		
		ρίχνω	= I throw
ελπίζω	= I hope	τελειώνω	= I finish
ζηλεύω	= I am jealous	τρέχω	= I run
θέλω	= I want	τρώγω	= I eat
καίω	= I burn		
καταλαβαίνω	= I understand	φέρνω	= I bring
κατεβάζω	= I bring down, I lower	φροντίζω	= I take care
κερδίζω	= I win, I gain	φτάνω	= I arrive, I reach
κλαίω	= I cry, I weep	φυλάγω	= I keep
κλείω (κλείνω)	= I close	φωνάζω	= I shout
κόβω	= I cut		
κοιτάζω	= I look	χάνω	= I lose
κρύβω	= I hide	χορταίνω	= I am filled, I
κρυώνω	= I am cold		am satiated

14. Αριθμοί - Numbers

Έχουμε δυο αριθμούς, τον ενικό και τον πληθυντικό. Ο ενικός φανερώνει ένα πράγμα, ο πληθυντικός πολλά. Αριθμό έχουν τα ρήματα, τα ουσιαστικά, τα επίθετα, οι αντωνυμίες, τα άρθρα και οι μετοχές.

Π.χ. Ενικός αριθμός: το μήλο, η γάτα, εγώ, τρέχω, ωραίος, ο δεμένος
Πληθυντικός αριθμός: τα μήλα, οι γάτες, εμείς, τρέχουμε, οι δεμένοι

15. Μέρη του λόγου - Parts of Speech

Μέχρι τώρα έχουμε μάθει το άρθρο, το επίθετο και το ρήμα. Ένα άλλο μέρος του λόγου είναι το ουσιαστικό.
Ουσιαστικά είναι λέξεις που φανερώνουν πρόσωπα, ζώα, πράγματα, ενέργεια, κατάσταση (state) ή ένα αίσθημα

πρόσωπα	- Ο Γιώργος, η Άννα, η Μαρία
ζώα	- ο σκύλος, η γάτα, το λιοντάρι
πράγματα	- το μολύβι, το τετράδιο, το τραπέζι
ενέργεια	- το γράψιμο, το παίξιμο, η δουλειά
κατάσταση	- ευτυχία, φτώχεια
αίσθημα	- χαρά, λύπη

Τα μέρη του λόγου είναι δέκα:

1. το άρθρο, 2. το ουσιαστικό, 3. το επίθετο, 4. το ρήμα,
5. η αντωνυμία, 6. η μετοχή, 7. η πρόθεση, 8. ο σύνδεσμος,
9. το επίρρημα, 10. το επιφώνημα

16. Ουσιαστικά και επίθετα
Αρσενικά, θηλυκά και ουδέτερα

Τα ουσιαστικά και τα επίθετα μπορεί να είναι αρσενικού γένους, θηλυκού, ή ουδέτερου. Π.χ.

ο ουρανός, ο πατέρας, ο ναύτης, ο καναπές (αρσενικά ουσιαστικά)
ωραίος, μεγάλος, ψηλός, καλός (αρσενικά επίθετα)

14. Numbers - Αριθμοί

There are two numbers, the singular (ενικός) and the plural (πληθυντικός).

The singular indicates one thing: το μήλο - the apple ο πατέρας - the father, η μητέρα - the mother

The plural indicates two or more things: τα μήλα - the apples, οι πατέρες - the fathers. οι μητέρες - the mothers
Verbs, nouns, adjectives, pronouns and the articles have number.

15. Parts of Speech - Μέρη του λόγου

We have seen the article, the adjective and the verb. Another part of speech is the **noun** (το ουσιαστικό). **Noun** is a word used to name a person, thing, place, quality, or event.

Ο Γιώργος, η ΄Αννα, η Μαρία
Ο σκύλος, η γάτα, το βιβλίο, το τραπέζι
Η Αμερική, η Ευρώπη, η θάλασσα, το βουνό
Η ευτυχία, η καλωσύνη, η λύπη, η χαρά

There are ten Parts of Speech:

1. The article, 2. the noun, 3. the adjective, 4. the verb,
5. the pronoun, 6. the participle, 7. the preposition,
8. the conjunction, 9. the adverb, 10. the interjection

16. Nouns and adjectives - Ουσιαστικά και επίθετα

The nouns and the adjectives may be of masculine, feminine or neuter gender. Ex.:

ο ουρανός (sky), ο πατέρας (father), ο ναύτης (sailor),
ο καναπές (couch) - nouns of masculine gender
ο ωραίος (beautiful), ο μεγάλος (big), ο ψηλός (tall),
ο καλός (good) - adjectives, masculine gender

η κόρη, η μητέρα, η πόλη, η χαρά, η Φρόσω (ουσιαστικά θηλυκά)
η ωραία, η καλή, η μεγάλη, η ψηλή (θηλυκά επίθετα)

το παιδί, το βιβλίο, το όνομα, το δάσος (ουδέτερα ουσιαστικά)
το ωραίο, το καλό, το μεγάλο, το ψηλό (ουδέτερα επίθετα)

17. Αρσενικά - Καταλήξεις

Αρσενικά, όπως ξέρουμε είναι τα ουσιαστικά που έχουν το άρθρο **ο.**
Σύμφωνα με την κατάληξη που έχουν, τα χωρίζουμε σε 5 τάξεις:

1. Αυτά που τελειώνουν σε **-ος,** όπως ο ποταμός, ο ουρανός
2. Αυτά που τελειώνουν σε **-ης,** όπως ο μαθητής, ο ναύτης
3. Αυτά που τελειώνουν σε **-ας,** όπως ο πατέρας, ο χειμώνας
4. Αυτά που τελειώνουν σε **-ες,** όπως ο καφές, ο καναπές και
5. Αυτά που τελειώνουν σε **-ους,** όπως ο παππούς.

A. Αρσενικά που τελειώνουν σε **-ος.** Στον πληθυντικό το **-ος** γίνεται **-οι.**
   Το άρθρο αλλάζει επίσης και γίνεται **οι.**
   Παραδείγματα:

   ο θεός   - οι θεοί
   ο ποταμός   - οι ποταμοί
   ο άγιος   - οι άγιοι
   ο άνθρωπος - οι άνθρωποι
   ο ουρανός   - οι ουρανοί
   ο μεγάλος   - οι μεγάλοι

B. Αρσενικά που τελειώνουν σε **-ης.** Στον πληθυντικό το **-ης** γίνεται -
   ες. Παραδείγματα:

   ο μαθητής - οι μαθητές
   ο πολίτης - οι πολίτες
   ο κλέφτης - οι κλέφτες

η κόρη (girl), η μητέρα (mother), η πόλη (city), η χαρά (joy),
η Φρόσω (Froso) nouns, feminine gender

η ωραία (beautiful), η καλή (good), η μεγάλη (big), η ψηλή (tall) -
adjectives, feminine gender

το παιδί (child), το βιβλίο (book), το όνομα (name), το δάσος (forest) -
nouns, neuter gender

το ωραίο (beautiful), το καλό (good), το μεγάλο (big), το ψηλό (tall) -
adjectives, neuter gender

17. Masculine endings - The plural of masculines

Masculines are preceded by the article <u>o</u> and may be divided according to their endings into five groups:

Group 1. Those ending into -ος. Ex.: ο ποταμός (river)
              ο καλός (good)

Group 2. Those ending into **-ης**. Ex.: ο μαθητής (pupil),
              ο ναύτης (sailor)

Group 3. Those ending into **-ας**. Ex.: ο πατέρας (father),
              ο χειμώνας (winter)

Group 4. Those ending into **-ες**. Ex.: ο καφές (coffee),
              ο καναπές (couch)

Group 5. Those ending into **-ους**. Ex.: ο παππούς (grandfather)

A. Masculines ending in **-ος** form their plural by changing -ος to **-οι**. Ex.:

ο θεός	- οι θεοί	- god - gods
ο ποταμός	- οι ποταμοί	- river - rivers
ο άγιος	- οι άγιοι	- saint - saints
ο άνθρωπος	- οι άνθρωποι	- man - men
ο ουρανός	- οι ουρανοί	- sky - skies
ο μεγάλος	- οι μεγάλοι	- big - big

B. Masculines ending in **-ης** form their plural by changing -ης to **-ες**. Ex.:

ο μαθητής	- οι μαθητές	- pupil - pupils
ο πολίτης	- οι πολίτες	- citizen - citizens
ο κλέφτης	- οι κλέφτες	- thief - thieves

Γ. Αρσενικά που τελειώνουν σε **-ας**. Στον πληθυντικό το **-ας** γίνεται - **ες**. Παραδείγματα:

ο πατέρας   - οι πατέρες
ο χειμώνας   - οι χειμώνες
ο γίγαντας   - οι γίγαντες
ο πίνακας   - οι πίνακες

Δ. Αρσενικά που τελειώνουν σε **-ες** στον πληθυντικό αποβάλλουν (drop) το **-ες** και προσθέτουν **-έδες**. Παραδείγματα:

ο καφές   - οι καφέδες
ο κεφτές   - οι κεφτέδες
ο τενεκές   - οι τενεκέδες

Ε. Αρσενικά που τελειώνουν σε **-ους** στον πληθυντικό αποβάλλουν το - **ους** και προσθέτουν **-ούδες**. Παράδειγμα:

ο παππούς   - οι παππούδες

Μερικά αρσενικά που τελειώνουν σε **-ης** στον πληθυντικό έχουν - **ήδες** ή **-άδες**. Παραδείγματα: μαθητής - μαθητές και μαθητάδες, δεσπότης - δεσποτάδες, παπουτσής - παπουτσήδες, καφετζής - καφετζήδες.

18. Παρατατικός - Past Continuous tense

Ο Παρατατικός φανερώνει κάτι που γινόταν στο παρελθόν εξακολουθητικά (continuously). Γίνεται από τη ρίζα (root) του ενεστώτα αφού προσθέσουμε την κατάληξη **-α**. Αν το ρήμα αρχίζει από σύμφωνο βάζουμε στην αρχή ένα **ε** (αύξηση - augment). Π.χ.

γράφω - ρίζα **γραφ-**
Κατάληξη του Παρατατικού -α = γραφα
Επειδή το γράφω αρχίζει από σύμφωνο παίρνει την αύξηση -ε ε-γραφ-α
έγραφα = I was writing

Παίζω - ρίζα παίζ-
Κατάληξη του Παρατατικού **-α** παιζα
Αύξηση **ε**- έπαιζα = I was playing

τρώγω - έτρωγα - I was eating
πίνω - έπινα - I was drinking

C. Masculines ending into **-ας** form their plural by changing **-ας** to **-ες**. Ex.:

ο πατέρας   - οι πατέρες   - father - fathers
ο χειμώνας   - οι χειμώνες   - winter - winters
ο γίγαντας   - οι γίγαντες   - giant - giants
ο πίνακας   - οι πίνακες   - blackboard - blackboards

D. Masculines ending into **-ες** form their plural by dropping the ending **-ες** and adding the ending **-έδες**. Ex.:

ο καφές   - οι καφέδες   - coffee - coffees
ο κεφτές   - οι κεφτέδες   - meat ball - meat balls
ο τενεκές   - οι τενεκέδες - tin - tins

Some masculines ending in **-ης** form their plural by changing **-ης** to **ήδες** or **άδες**.

ο δεσπότης - οι δεσποτάδες- bishop - bishops
ο παπουτσής- οι παπουτσήδες- shoe-maker - shoe-makers
ο καφετζής - οι καφετζήδες- coffee shop keeper -
                                  coffee shop keepers

18. The Past Continuous or Imperfect Tense

The Past Continuous tense denotes an action that was taking place in the past. It is formed from the root of the present tense by adding the ending **-α**. If the verb begins with a consonant an **-ε** (syllabic augment) is added to the stem. Ex.:

γράφω root or stem γραφ-
Past Continuous ending **-α** γραφα
Syllabic Augment **ε** έγραφα = I was writing

Παίζω root or stem παιζ-
Past Continuous ending **-α παιζα**
Syllabic augment **ε-** έπαιζα = I was playing

τρώγω - I eat - έτρωγα - I was eating
πίνω - I drink - έπινα - I was drinking

Ο Παρατατικός κλίνεται (is conjugated) έτσι:

εγώ έγραφα	- I was writing	έπαιζα	- I was playing
εσύ έγραφες	- you were writing	έπαιζες	
αυτός έγραφε	- he was writing	έπαιζε	
εμείς γράφαμε*	- we were writing	παίζαμε*	
εσείς γράφατε*	- you were writing	παίζατε*	
αυτοί έγραφαν	- they were writing	έπαιζαν	

* Η αύξηση **ε** - αποβάλλεται (is dropped), όταν δεν τονίζεται.

19. Θηλυκά - Καταλήξεις
Πληθυντικός αριθμός

Τα θηλυκά είναι ονόματα που παίρνουν το άρθρο **η**. ΄Οπως: η μητέρα, η αυλή, η βροχή

Τα θηλυκά, ανάλογα με την κατάληξη που έχουν, χωρίζονται σε 5 τάξεις:

1. Θηλυκά που τελειώνουν σε **-α**. Η μητέρα, η χαρά
2. Θηλυκά που τελειώνουν σε **-η**. Η βροχή, η αγάπη
3. Θηλυκά που τελειώνουν σε **-ος**. Η Ρόδος, η ατμάκατος
4. Θηλυκά που τελειώνουν σε **-ου**. Η αλεπού, η φωνακλού
5. Θηλυκά που τελειώνουν σε **-ω**. Η Φρόσω, η Ελέγκω

A. Θηλυκά που τελειώνουν σε **-α** στον πληθυντικό το **-α** γίνεται **-ες**. **Π.χ.**

η μητέρα	- οι μητέρες
η τομάτα	- οι τομάτες
η ωραία	- οι ωραίες
η χαρά	- οι χαρές
η άμαξα	- οι άμαξες

B. Θηλυκά που τελειώνουν σε **-η** στον πληθυντικό τρέπουν το **-η**, σε **-ες**. Π.χ.

η αδελφή	- οι αδελφές
η φωνή	- οι φωνές
η αγάπη	- οι αγάπες
η αδικία	- οι αδικίες

Past Continuous conjugation:

εγώ έγραφα — I was writing
εσύ έγραφες — you were writing
αυτός έγραφε — he was writing

εμείς γράφαμε* — we were writing
εσείς γράφατε* — you were writing
αυτοί έγραφαν — they were writing

* The syllabic augment is dropped if it is not accented.

19. Feminines - Endings of feminines - Plural number of feminines

Feminine words are preceded by the article **η**. According to their ending they are divided into 5 groups:

Group 1. Feminines ending in **-α**. Η μητέρα, η χαρά
Group 2. Feminines ending in **-η**. Η βροχή, η αγάπη
Group 3. Feminines ending in **-ος**. Η Ρόδος, η ατμάκατος
Group 4. Feminines ending in **-ου**. Η αλεπού, η φωνακλού
Group 5. Feminines ending in **-ω**. Η Φρόσω, η Ελέγκω

A. Feminines ending in **-α** form their plural by changing **-α** to **-ες**. Ex.:

η μητέρα — οι μητέρες- mother
η τομάτα — οι τομάτες- tomato
η ωραία — οι ωραίες - beautiful
η χαρά — οι χαρές - joy
η άμαξα — οι άμαξες - coach, carriage

B. Feminines ending in **-η** form their plural by changing **-η** to **-ες**. Ex.:

η αδελφή — οι αδελφές- sister
η φωνή — οι φωνές - voice
η αγάπη — οι αγάπες - love
η αδικία — οι αδικίες - injustice

Μερικά θηλυκά που τελειώνουν σε **-η** στον πληθυντικό έχουν **-ες.**
Όπως:

η γνώση	- οι γνώσεις - knowledge	η ανάσταση	- resurrection
η πόλη	- οι πόλεις - city	η απόφαση	- decision
η δράση	- action	η γέννηση	- birth
η θέση	- place, position	η διαίρεση	- **division**
η κλίση	- conjugation	η είδηση	- news
η λύση	- solution	η εξήγηση	- explanation
η πίστη	- faith	η κυβέρνηση	- government
η πράξη	- action	η όρεξη	- appetite
η τάξη	- class		
η φύση	- nature		
η αίσθηση	- sense, feeling		

Γ. Θηλυκά που τελειώνουν σε **-ος** στον πληθυντικό **τρέπουν** το **-ος** σε **-οι. Π.χ.**

η έρημος - οι έρημοι
η ατμάκατος - οι ατμάκατοι

Δ. Θηλυκά που τελειώνουν σε **-ου** στον πληθυντικό προσθέτουν (add) - **δες. Π.χ.**

η αλεπού - οι αλεπούδες
η γλωσσού - οι γλωσσούδες

Ε Τα θηλυκά που τελειώνουν σε **-ω** είναι κύρια ονόματα (proper nouns) και δεν έχουν πληθυντικό αριθμό.

Some feminine words ending in **-η** form their plural by changing **-η** to **-εις** instead of **-ες**. Some of these are:

η γνώση	- οι γνώσεις - knowledge	η ανάσταση	- resurrection
η πόλη	- οι πόλεις - city	η απόφαση	- decision
η δράση	- action	η γέννηση	- birth
η θέση	- place, position	η διαίρεση	- division
η κλίση	- conjugation	η είδηση	- news
η λύση	- solution	η εξήγηση	- explanation
η πίστη	- faith	η κυβέρνηση	- government
η τάξη	- class, order	η όρεξη	- appetite
η φύση	- nature		
η αίσθηση	- feeling, sense		

C. Feminines ending in **-ος** form their plural by changing **-ος** to **-οι.** Ex.:

η έρημος - οι έρημοι - desert
η ατμάκατος - οι ατμάκατοι - steam-boat

D. Feminines ending in **-ου** form their plural by adding the ending **-δες.** Ex.:

η αλεπού - οι αλεπούδες - fox
η γλωσσού - οι γλωσσούδες - talkative woman

E. Feminines ending in **-ω** are usually proper nouns and do not have plural number.

20. Αόριστος των ρημάτων

Ο Αόριστος φανερώνει κάτι που έγινε στο παρελθόν (in the past) για λίγο χρονικό διάστημα (for a short time).

Η κατάληξη του αορίστου είναι **-σα**. Ρήματα που αρχίζουν από σύμφωνο παίρνουν ένα ε - (συλλαβική αύξηση) όπως και στον παρατατικό. Παράδειγμα:

δένω θέμα δεν-
κατάληξη **-σα** δεν-σα (το **ν** αποβάλλεται, is dropped)
αύξηση **ε**- έ-δε-σα

λύω θέμα λυν-
κατάληξη **-σα** λυσα
αύξηση **ε** έλυσα

˙Οταν ο χαρακτήρας του θέματος (τελευταίο γράμμα του θέματος) είναι π, β,φ, στον αόριστο έχουμε ψα (π, β, φ + σα = ψα)
Π.χ. γράφω - θέμα **γράφ**-, αόριστος έγραψα

˙Οταν ο χαρακτήρας είναι κ,γ,χ στον αόριστο έχουμε ξα (κ,γ,χ + σα = ξα) Π.χ. πλέκω - θέμα πλέκ-, αόριστος έπλεξα.

˙Οταν ο χαρακτήρας είναι τ,δ,θ στον αόριστο έχουμε **σα** γιατί το τ, δ, θ αποβάλλεται (is dropped).
Π.χ. θέτω - θέμα **θετ**-+ σα = έθεσα (το **ν** αποβάλλεται).

Η ρίζα ή θέμα (stem) του αορίστου είναι σε πολλά ρήματα η ίδια όπως και του ενεστώτα. Αρκετά ρήματα έχουν άλλο θέμα, όπως και στα αγγλικά. Π.χ. τρώγω - έφαγα, λέω - είπα

Ο αόριστος κλίνεται έτσι:

έγραψα - I wrote	έφαγα - I ate	έπαιξα - I played
έγραψες	έφαγες	έπαιξες
έγραψε	έφαγε	έπαιξε
γράψαμε	φάγαμε	παίξαμε
γράψατε	φάγατε	παίξατε
έγραψαν	έφαγαν	έπαιξαν

20. The Past Simple Tense

The Past Simple Tense denotes an action that happened in the past for a short time. Ex.:

ἔφαγα = I ate, ἔπαιξα = I played, εἶδα = I saw

It is formed by adding to the present stem the ending **-σα**. Verbs beginning with a consonant take a syllabic augment **ε-** as in the past continuous tense. Ex.:

verb	augment		suffix	past simple tense
δένω	ε-	δεν-	-σα	ἔδεσα (**v** is dropped)
λύω	ε-	λυ-	-σα	ἔλυσα

The suffix -σα when added to the stem suffers changes. If the last letter of the stem (called character) is **π, β, φ + σα** in the past tense we have **-ψα**

γράφω - ἔγραψα - I write - I wrote
If the character is κ, γ, χ + σα
we have **-ξα** πλέκω - ἔπλεξα - I knit - I knitted

If it is, τ, δ, θ it is dropped. Πείθω - πειθ -
+ σα - ἔπεισα = I persuade - I persuaded

The stem of the aorist in most of the verbs is the same as that of the present tense. However, in some is completely different, as it happens with many English verbs. Ex.: τρώγω - ἔφαγα = I eat - I ate, λέω - εἶπα = I say - I said.

Conjugation of the Past Simple Tense:

ἔγραψα	= I wrote	ἔφαγα = I ate	ἔπαιξα = I played
ἔγραψες	= you wrote	ἔφαγες	ἔπαιξες
ἔγραψε	= he, she, it wrote	ἔφαγε	ἔπαιξε
γράψαμε	= we wrote	φάγαμε	παίξαμε
γράψατε	= you wrote	φάγατε	παίξατε
ἔγραψαν	= they wrote	ἔφαγαν	ἔπαιξαν

Το ρήμα «δένω» στους τρείς χρόνους, ενεστώτα, παρατατικό και αόριστο:

δένω - I tie	έδενα - I was tying	έδεσα - I tied
δένεις	έδενες	έδεσες
δένει	έδενε	έδεσε
δένουμε -ομε	δέναμε	δέσαμε
δένετε	δένατε	δέσατε
δένουν	έδεναν	έδεσαν

Οι τρείς χρόνοι μερικών ρημάτων:

αγοράζω	αγόραζα	αγόρασα
ακούω	άκουα	άκουσα
ανάβω	άναβα	άναψα
ανεβαίνω	ανέβαινα	ανέβηκα
ανοίγω	άνοιγα	άνοιξα
αρχίζω	άρχιζα	άρχισα
αφήνω	άφηνα	άφησα
βάζω	έβαζα	έβαλα
βγάζω	έβγαζα	έβγαλα
βλέπω	έβλεπα	είδα
γνωρίζω	γνώριζα	γνώρισα
γράφω	έγραφα	έγραψα
γυρίζω	γύριζα	γύρισα
δείχνω	έδειχνα	έδειξα
διαβάζω	διάβαζα	διάβασα
διδάσκω	δίδασκα	δίδαξα
δίνω	έδινα	έδωσα
δουλεύω	δούλευα	δούλεψα
δυναμώνω	δυνάμωνα	δυνάμωσα
ελπίζω	έλπιζα	έλπισα
ζηλεύω	ζήλευα	ζήλεψα
θέλω	ήθελα*	θέλησα
καίω	έκαια	έκαψα
καταλαβαίνω	καταλάβαινα	κατάλαβα

* Τα ρήματα «θέλω», «ξέρω» στον παρατατικό και αόριστο αντί ε παίρνουν η. ΄Ηθελα, ήξερα

Conjugation of the verb «δένω» = I tie, in the present, past continuous and past simple tense.

δένω	= I tie	έδενα = I was tying	έδεσα = I tied
δένεις		έδενες	έδεσες
δένει		έδενε	έδεσε
δένουμε, -ομε		δέναμε	δέσαμε
δένετε		δένατε	δέσατε
δένουν		έδεναν	έδεσαν

The three tenses of a few verbs:

αγοράζω	= I buy	αγόραζα	αγόρασα
ακούω	= I hear	άκουα	άκουσα
ανάβω	= I light	άναβα	άναψα
ανεβαίνω	= I go up	ανέβαινα	ανέβηκα
ανοίγω	= I open	άνοιγα	άνοιξα
αρχίζω	= I begin	άρχιζα	άρχισα
αφήνω	= I leave	άφηνα	άφησα
βάζω	= I put	έβαζα	έβαλα
βγάζω	= I take off	έβγαζα	έβγαλα
βλέπω	= I see	έβλεπα	είδα
γνωρίζω	= I know	γνώριζα	γνώρισα
γράφω	= I write	έγραφα	έγραψα
γυρίζω	= I return	γύριζα	γύρισα
δείχνω	= I show	έδειχνα	έδειξα
διαβάζω	= I read	διάβαζα	διάβασα
διδάσκω	= I teach	δίδασκα	δίδαξα
δίνω	= I give	έδινα	έδωσα
δουλεύω	= I work	δούλευα	δούλεψα
δυναμώνω	= I get strong	δυνάμωνα	δυνάμωσα
ελπίζω	= I hope	έλπιζα	έλπισα
ζηλεύω	= I am jealous	ζήλευα	ζήλεψα
θέλω	= I want	ήθελα *	
καίω	= I burn	έκαια	έκαψα
καταλαβαίνω	= I understand	καταλάβαινα	κατάλαβα
κατεβάζω	= I lower	κατέβαζα	κατέβασα
κατεβαίνω	= I go down	κατέβαινα	κατέβηκα
κερδίζω	= I gain	κέρδιζα	κέρδισα

κατεβάζω	κατέβαζα	κατέβασα
κατεβαίνω	κατέβαινα	κατέβηκα
κερδίζω	κέρδιζα	κέρδισα
κλαίω	έκλαια	έκλαψα
κλείω (κλείνω)	έκλεια (έκλεινα)	έκλεισα
κόβω	έκοβα	έκοψα
κοιτάζω	κοίταζα	κοίταξα
κρύβω	έκρυβα	έκρυψα
κρυώνω	κρύωνα	κρύωσα
λάμπω	έλαμπα	έλαμψα
λέγω (λέω)	έλεγα	είπα
μαθαίνω	μάθαινα	έμαθα
μαλώνω	μάλωνα	μάλωσα
μεγαλώνω	μεγάλωνα	μεγάλωσα
μένω	έμενα	έμεινα
μπαίνω	έμπαινα	μπήκα
νομίζω	νόμιζα	νόμισα
ξαναγυρίζω	ξαναγύριζα	ξαναγύρισα
ξαπλώνω	ξάπλωνα	ξάπλωσα
ξέρω	ήξερα	-
παίζω	έπαιζα	έπαιξα
παίρνω	έπαιρνα	πήρα
περιμένω	περίμενα	-
πηγαίνω	πήγαινα	πήγα
πίνω	έπινα	ήπια
πιστεύω	πίστευα	πίστεψα
ρίχνω	έριχνα	έριξα
τελειώνω	τελείωνα	τέλειωσα
τρέχω	έτρεχα	έτρεξα
τρώγω	έτρωγα	έφαγα
φέρνω	έφερνα	έφερα
φεύγω	έφευγα	έφυγα
φροντίζω	φρόντιζα	φρόντισα
φτάνω	έφτανα	έφτασα
φυλάγω	φύλαγα	φύλαξα
φωνάζω	φώναζα	φώναξα
χάνω	έχανα	έχασα
χορταίνω	χόρταινα	χόρτασα

κλαίω	= I weep	έκλαια	έκλαψα
κλείω (κλείνω)	= I close	έκλεια (έκλεινα)	έκλεισα
κόβω	= I cut	έκοβα	έκοψα
κοιτάζω	= I look	κοίταζα	κοίταξα
κρύβω	= I hide	έκρυβα	έκρυψα
κρυώνω	= I am cold	κρύωνα	κρύωσα

---

* The verbs «θέλω», «ξέρω», and «πίνω» instead of **ε** take **η** as syllabic augment.

λάμπω	= I shine	έλαμπα	έλαμψα
λέγω (λέω)	= I say	έλεγα	είπα
μαθαίνω	= I learn	μάθαινα	έμαθα
μαλώνω	= I quarrel	μάλωνα	μάλωσα
μεγαλώνω	= I grow up	μεγάλωνα	μεγάλωσα
μένω	= I stay	έμενα	έμεινα
μπαίνω	= I enter	έμπαινα	μπήκα
νομίζω	= I think	νόμιζα	νόμισα
ξαναγυρίζω	= I return	ξαναγύριζα	ξαναγύρισα
ξαπλώνω	= I lie down	ξάπλωνα	ξάπλωσα
ξέρω	= I know	ήξερα	-
παίζω	= I play	έπαιζα	έπαιξα
παίρνω	= I take	έπαιρνα	πήρα
περιμένω	= I wait	περίμενα	-
πηγαίνω	= I go	πήγαινα	πήγα
πίνω	= I drink	έπινα	ήπια
πιστεύω	= I believe	πίστευα	πίστεψα
ρίχνω	= I throw	έριχνα	έριξα
τελειώνω	= I finish	τέλειωνα	τέλειωσα
τρέχω	= I run	έτρεχα	έτρεξα
τρώγω	= I eat	έτρωγα	έφαγα
φέρνω	= I bring	έφερνα	έφερα
φεύγω	= I leave	έφευγα	έφυγα
φροντίζω	= I take care	φρόντιζα	φρόντισα
φτάνω	= I arrive	έφτανα	έφτασα
φυλάγω	= I keep	φύλαγα	φύλαξα
φωνάζω	= I shout	φώναζα	φώναξα
χάνω	= I lose	έχανα	έχασα
χορταίνω	= I get filled	χόρταινα	χόρτασα

21. Τα βοηθητικά ρήματα «είμαι» και «έχω)

Τα δυο ρήματα **είμαι** και **έχω** ονομάζονται βοηθητικά, γιατί βοηθούν στο σχηματισμό άλλων χρόνων. Κλίνονται έτσι:

ενεστώτας	παρατατικός
είμαι = I am	ήμουν= I was
είσαι	ήσουν
είναι	ήταν
είμαστε	ήμαστε
είστε	ήσαστε
είναι	ήταν

Το ρήμα «είμαι» παίρνει τον αόριστο από το «υπάρχω», που είναι **«υπήρξα».**

Κλίση του ρήματος «έχω»

ενεστώτας	παρατατικός	
έχω	είχα	
έχεις	είχες	αόριστος δεν υπάρχει
έχει	είχε	
έχουμε, -ομε	είχαμε	
έχετε	είχατε	
έχουν	είχαν	

22. Ουδέτερα - Καταλήξεις
Σχηματισμός του πληθυντικού

Ουδέτερα είναι τα ονόματα που παίρνουν το άρθρο **το.**
Π.χ. το βουνό, το πουλί, το όνομα, το τετράδιο.

Τα ουδέτερα μπορεί να τελειώνουν σε:

-ο	- το βιβλίο
-ι	- το παιδί
-α	- το μάθημα
-ος	- το λάθος

21. Auxiliary verbs

The verbs «είμαι» and «έχω» are called auxiliary because they help the verbs in the formation of different tenses. Their conjugation is a follows:

είμαι	= I am	ήμουν	= I was
είσαι	= you are	ήσουν	= you were
είναι	= he, she, it is	ήταν	= he, she, it was
είμαστε	= we are	ήμαστε	= we were
είστε	= you are	ήσαστε	= you were
είναι	= they are	ήταν	= they were

«Είμαι» takes its past simple tense from the verb «υπάρχω» = I exist, which is «υπήρξα».

Conjugation of the verb «έχω».

Present tense	Past Continuous
έχω	είχα
έχεις	είχες
έχει	είχε
έχουμε, -ομε	είχαμε
έχετε	είχατε
έχουν	είχαν

22. Neuters - Endings of neuters - Formation of the plural

Words of neuter gender are preceded by the article -το. There are four groups of neuters:

1. Those ending in -ο, το βιβλίο - the book
2. Those ending in -ι, το παιδί - the child
3. Those ending in -μα, (-α), το όνομα - the name and
4. Those ending in -ος, το λάθος - the error

A. Ουδέτερα που τελειώνουν σε **-ο** σχηματίζουν τον πληθυντικό τρέποντας το **-ο** σε **-α**. Π.χ.

το βιβλίο	- τα βιβλία
το μήλο	- τα μήλα
το πλοίο	- τα πλοία
το τετράδιο	- τα τετράδια

B. Ουδέτερα που τελειώνουν σε **-ι** στον πληθυντικό προσθέτουν **α**. Π.χ.

το παιδί	- τα παιδιά
το τυρί	- τα τυριά
το κρασί	- τα κρασιά
το λεμόνι	- τα λεμόνια

Γ. Ουδέτερα που τελειώνουν σε -μα (-α) στον πληθυντικό προσθέτουν **-τα**. Π.χ.

το όνομα	- τα ονόματα
το μάθημα	- τα μαθήματα
το κύμα	- τα κύματα
το γράμμα	- τα γράμματα

Δ. Ουδέτερα που τελειώνουν σε **-ος** στον πληθυντικό τρέπουν το **-ος** σε **-η**. Π.χ.

το λάθος	- τα λάθη
το δάσος	- τα δάση
το μέρος	- τα μέρη

23. Καταλήξεις των ονομάτων
(σαν μια επανάληψη)

Τα αρσενικά παίρνουν το άρθρο **ο** και τελειώνουν σε:

-ος, -ης, -ας, -ους, -ες

Τα θηλυκά παίρνουν το άρθρο **η** και τελειώνουν σε:

-α, -η, -ος, -ου, -ω

Τα ουδέτερα παίρνουν το άρθρο **το** και τελειώνουν σε:

-ο, -ι, -μα, -ος

A. Neuters ending in **-o** form their plural by changing o to **-α**. Ex.:

το βιβλίο	- τα βιβλία	- the book
το μήλο	- τα μήλα	- the apple
το πλοίο	- τα πλοία	- the ship
το τετράδιο	- τα τετράδια	- the exercise book

B. Neuters ending in **-ι** form their plural by adding **-α**. Ex.:

το παιδί	- τα παιδιά	- the child
το τυρί	- τα τυριά	- the cheese
το κρασί	- τα κρασιά	- the wine
το λεμόνι	- τα λεμόνια	- the lemon

C. Neuters ending in **-μα (-α)** form their plural by adding **-τα**. Ex.:

το όνομα	- τα ονόματα	- the name
το μάθημα	- τα μαθήματα	- the lesson
το κύμα	- τα κύματα	- the wave
το γράμμα	- τα γράμματα	- the letter

D. Neuters ending is **-ος** form their plural by changing **-ος** to **-η**. Ex.:

το λάθος	- τα λάθη	- error, mistake
το δάσος	- τα δάση	- forest
το μέρος	- τα μέρη	- place

23. Recapitulation of the endings:

Masculine words take the article **o** and end in:
-ος, -ης, -ας, -ους, -ες

Feminine words take the article **η** and end in:
-α, -η, -ος, -ου, -ω

Neuter words take the article **το** and end in:
-ο, -ι, -μα, -ος

24. Ρήματα δεύτερης συζυγίας

Τα ρήματα της δεύτερης συζυγίας τελειώνουν σε -ώ (με τόνο) και τα σημειώνουμε με τον αριθμό 2. Π.χ.
αγαπώ (2), πεινώ (2), διψώ (2)

Στον **ενεστώτα** έχουν τις καταλήξεις:

-ώ	αγαπώ - I love	πεινώ
-άς	αγαπάς	πεινάς
-ά	αγαπά	πεινά
-ούμε, -άμε	αγαπούμε, -άμε	πεινούμε, -άμε
-άτε	αγαπάτε	πεινάτε
-ούν	αγαπούν	πεινούν

Στον **παρατατικό** οι καταλήξεις είναι:

-ούσα	αγαπούσα - I was	πεινούσα - I was hungry
-ούσες	αγαπούσες loving	πεινούσες
-ούσε	αγαπούσε	πεινούσε
-ούσαμε	αγαπούσαμε	πεινούσαμε
-ούσατε	αγαπούσατε	πεινούσατε
-ούσαν	αγαπούσαν	πεινούσαν

Ο **αόριστος** έχει τις ίδιες καταλήξεις με τον αόριστο των ρημάτων της πρώτης συζυγίας, δηλαδή:

-σα	αγάπησα = I loved	πείνασα = I was hungry
-σες	αγάπησες	πείνασες
-σε	αγάπησε	πείνασε
-σαμε	αγαπήσαμε	πεινάσαμε
-σατε	αγαπήσατε	πεινάσατε
-σαν	αγάπησαν	πείνασαν

25. Ρήματα της τρίτης συζυγίας (Third Group)

Τα ρήματα της τρίτης συζυγίας τελειώνουν κι αυτά σε -ώ (με τόνο), όπως και τα ρήματα της δεύτερης συζυγίας. Τα σημειώνουμε με τον αριθμό (3): μπορώ (3), ζώ (3).

24. Verbs of the second conjugation

The verbs in the second conjugation end in **-ώ** (with an accent). We mark them with the number 2. Ex.:

αγαπώ (2) = I love, πεινώ (2) = I am hungry διψώ (2) = I am thirsty

The ending (suffixes) of **the Present Tense** are:

-ώ	αγαπώ - I love	πεινώ - I am hungry
-άς	αγαπάς - you love	πεινάς
-ά	αγαπά - he, she, it loves	πεινά
-ούμε - άμε	αγαπούμε - we love	πεινούμε - άμε
-άτε	αγαπάτε - you love	πεινάτε
-ούν	αγαπούν - they love	πεινούν

The **Past Continuous Tense** endings are

-ούσα	αγαπούσα	πεινούσα
-ούσες	αγαπούσες	πεινούσες
-ούσε	αγαπούσε	πεινούσε
-ούσαμε	αγαπούσαμε	πεινούσαμε
-ούσατε	αγαπούσατε	πεινούσατε
-ούσαν	αγαπούσαν	πεινούσαν

The **Past Simple Tense** has the same endings as those of the verbs in the First Conjugation:

-σα	αγάπησα = I loved	πείνασα = I was hungry
-σες	αγάπησες = you loved	πείνασες etc.
-σε	αγάπησε = he, she, it loved	πείνασε
-σαμε	αγαπήσαμε = we loved	πεινάσαμε
-σατε	αγαπήσατε = you loved	πεινάσατε
-σαν	αγάπησαν = they loved	πείνασαν

25. Verbs of the Third Conjugation

The verbs of the Third Conugation end in **-ώ,** (with an accent) as the verbs of the second conjugation. They are marked with the number (3) **ας:** μπορώ (3) = I can, I am able, ζώ (3) = I live

Οι καταλήξεις **του ενεστώτα** είναι:

-ώ	μπορώ = I can, I am	ζώ = I live
-είς	μπορείς able	ζεις
-εί	μπορεί	ζει
-ούμε	μπορούμε	ζούμε
-είτε	μπορείτε	ζείτε
-ούν	μπορούν	ζούν

Οι καταλήξεις του **παρατατικού και του αορίστου** είναι όπως και στα ρήματα της δεύτερης συζυγίας.

Παρατατικός

-ούσα	μπορούσα = I could,	ζούσα - I was living
-ούσες	μπορούσες I was	ζούσες
-ούσε	μπορούσε able	ζούσε
-ούσαμε	μπορούσαμε	ζούσαμε
-ούσατε	μπορούσατε	ζούσατε
-ούσαν	μπορούσαν	ζούσαν

Αόριστος

-σα	μπόρεσα - I could, I	έζησα - I lived
-σες	μπόρεσες was able	έζησες
-σε	μπόρεσε	έζησε
-σαμε	μπορέσαμε	ζήσαμε
-σατε	μπορέσατε	ζήσατε
-σαν	μπόρεσαν	έζησαν

26. Ρήματα της τέταρτης συζυγίας*

Τα ρήματα της συζυγίας αυτής τελειώνουν σε **-μαι**. Τα σημειώνουμε δε με τον αριθμό (4): Έρχομαι (4), κοιμούμαι (4), στερούμαι (4).

α. Οι καταλήξεις του ενεστώτα είναι:

-ομαι	-ούμαι	-ούμαι
-εσαι	-άσαι	-είσαι
-εται	-άται	-είσαι
-όμαστε	-ούμαστε	-ούμαστε
-εστε	-άστε	-είστε
-ονται	-ούνται	-ούνται

The endings of the present are:

-ώ	μπορώ = I can, I am able,	ζώ = I live	
-είς	μπορείς	I may	ζείς	
-εί	μπορεί	ζεί	
-ούμε	μπορούμε	ζούμε	
-είτε	μπορείτε	ζείτε	
-ούν	μπορούν	ζουν	

The Past Continuous and Past Simple tense have the same endings as the verbs of the Second Conjugation in these tenses.

-ούσα	μπορούσα - I was able, I	ζούσα - I was living	
-ούσες	μπορούσες	could etc.	ζούσες	etc.
-ούσε	μπορούσε	ζούσε	
-ούσαμε	μπορούσαμε	ζούσαμε	
-ούσατε	μπορούσατε	ζούσατε	
-ούσαν	μπορούσαν	ζούσαν	

Past Simple Tense

-σα	μπόρεσα - I was able, I	έζησα - I lived etc.	
-σες	μπόρεσες	could etc.	έζησες	
-σε	μπόρεσε	έζησε	
-σαμε	μπορέσαμε	ζήσαμε	
-σατε	μπορέσατε	ζήσατε	
-σαν	μπόρεσαν	έζησαν	

26. Verbs of the fourth conjugation*

The verbs of the fourth conjugation end in -μαι. We mark them by the number (4). Ex.: έρχομαι (4), κοιμούμαι (4), στερούμαι (4).

a. The endings of the present tense are:

-ομαι	-ούμαι	-ούμαι
-εσαι	-άσαι	-είσαι
-εται	-άται	-είται
-όμαστε	-ούμαστε	-ούμαστε
-εστε	-άστε	-είστε
-ονται	-ούνται	-ούνται

έρχομαι	κοιμούμαι	στερούμαι
έρχεσαι	κοιμάσαι	στερείσαι
έρχεται	κοιμάται	στερείται
ερχόμαστε	κοιμούμαστε	στερούμαστε
έρχεστε	κοιμάστε	στερείστε
έρχονται	κοιμούνται	στερούνται

β. Οι καταλήξεις του παρατατικού είναι:

-όμουν	κοιμόμουν	ερχόμουν	-ούμουν	στερούμουν
-όσουν	κοιμόσουν	ερχόσουν	-ούσουν	στερούσουν
-όταν	κοιμόταν	ερχόταν	-ούνταν	στερούνταν
-όμαστε	κοιμόμαστε	ερχόμαστε	-ούμαστε	στερούμαστε
-όσαστε	κοιμόσαστε	ερχόσαστε	-ούσαστε	στερούσαστε
-όνταν	κοιμόνταν	έρχονταν	-ούνταν	στερούνταν

γ. Οι καταλήξεις του αορίστου είναι:

-θηκα	-στηκα	-φτηκα	-χτηκα
-θηκες	-στηκες	-φτηκες	-χτηκες
-θηκε	-στηκε	-φτηκε	-χτηκε
-θήκαμε	-στήκαμε	-φτήκαμε	-χτήκαμε
-θήκατε	-στήκατε	-φτήκατε	-χτήκατε
-θηκαν	-στηκαν	-φτηκαν	-χτηκαν
δέθηκα	δροσίστηκα	κρύφτηκα	πλέχτηκα
δέθηκες	δροσίστηκες	κρύφτηκες	πλέχτηκες
δέθηκε	δροσίστηκε	κρύφτηκε	πλέχτηκε
δεθήκαμε	δροσιστήκαμε	κρυφτήκαμε	πλεχτήκαμε
δεθήκατε	δροσιστήκατε	κρυφτήκατε	πλεχτήκατε
δέθηκαν	δροσίστηκαν	κρύφτηκαν	πλέχτηκαν

* Τα ρήματα της τέταρτης συζυγίας ανήκουν στην παθητική φωνή ενώ της πρώτης, της δεύτερης και της τρίτης συζυγίας ανήκουν στην ενεργητική φωνή.

έρχομαι - I come	κοιμούμαι - I sleep	στερούμαι - I am deprive of
έρχεσαι	κοιμάσαι	στερείσαι
έρχεται	κοιμάται	στερείται
ερχόμαστε	κοιμούμαστε	στερούμαστε
έρχεστε	κοιμάστε	στερείστε
έρχονται	κοιμούνται	στερούνται

b.The endings of the past continuous are:

-όμουν	-ούμουν
-όσουν	-ούσουν
-όταν	-ούνταν

-όμαστε	-ούμαστε
-όσαστε	-ούσαστε
-όνταν	-ούνταν

κοιμόμουν - I was	ερχόμουν - I was	στερούμουν - I was being
κοιμόσουν sleeping	ερχόσουν going	στερούσουν deprived of
κοιμόταν	ερχόταν	στερούνταν
κοιμόμαστε	ερχόμαστε	στερούμαστε
κοιμόσαστε	ερχόσαστε	στερούσαστε
κοιμόνταν	έρχονταν	στερούνταν

c. The endings of the past simple tense are:

-θηκα	-στηκα	-φτηκα	-χτηκα
-θηκες	-στηκες	-φτηκες	-χτηκες
-θηκε	-στηκε	-φτηκε	-χτηκε
-θήκαμε	-στήκαμε	-φτήκαμε	-χτήκαμε
-θήκατε	-στήκατε	-φτήκατε	-χτήκατε
-θηκαν	-στηκαν	-φτηκαν	-χτηκαν

* The verbs of the fourth conjugation are of passive voice. Those of the 1st, 2nd and 3rd are of active voice.

Past simple of δένομαι - I am tied	Past tense of δροσίζομαι - I am refreshed	Past tense of κρύβομαι - I hide	Past tense of πλέκομαι - I am knitted
δέθηκα	δροσίστηκα	κρύφτηκα	πλέχτηκα
δέθηκες	δροσίστηκες	κρύφτηκες	πλέχτηκες
δέθηκε	δροσίστηκε	κρύφτηκε	πλέχτηκε
δεθήκαμε	δροσιστήκαμε	κρυφτήκαμε	πλεχτήκαμε
δεθήκατε	δροσιστήκατε	κρυφτήκατε	πλεχτήκατε
δέθηκαν	δροσιστηκαν	κρύφτηκαν	πλέχτηκαν

27. Η Γενική των αρσενικών

Διαβάστε τις προτάσεις:

1. Ο **θεός** είναι μεγάλος,
2. Ο **πατέρας** είναι καλός,
3. Η **αδελφή** ήρθε χτές,
4. Το **παιδί** διαβάζει το μάθημά του.

Οι λέξεις **θεός, πατέρας, αδελφή, παιδί,** είναι το υποκείμενο σε κάθε μια από τις παραπάνω προτάσεις. Υποκείμενο είναι εκείνο για το οποίο μιλούμε στην πρόταση και είναι πάντοτε στην **ονομαστική πτώση.**

Τώρα διαβάστε τις παρακάτω προτάσεις:

1. Το όνομα **του θεού** είναι μεγάλο.
2. Το καπέλο **του πατέρα** είναι εδώ.
3. Το όνομα **της αδελφής** είναι Μαρία.
4. Το μάθημα **του παιδιού** είναι δύσκολο.

Στις παραπάνω προτάσεις οι λέξεις **του θεού, του πατέρα, της αδελφής, του παιδιού** είναι στη **γενική πτώση.**

Η **γενική πτώση** μας δείχνει εκείνο που ορίζει κάτι, που έχει κάτι.

Α. **Αρσενικά που τελειώνουν σε -ος-** Στη γενική το **-ος** γίνεται **-ου.** Στον πληθυντικό γίνεται **-ων:**

Ενικός αριθμός

Ονομαστική	ο θεός	ο ποταμός	ο άνθρωπος
Γενική	του θεού	του ποταμού	του ανθρώπου

Πληθυντικός αριθμός

Ονομαστική	οι θεοί	οι ποταμοί	οι άνθρωποι
Γενική	των θεών	των ποταμών	των ανθρώπων

Β. Αρσενικά που τελειώνουν σε **-ης.** Στη γενική του ενικού αποβάλλουν (drop) το **ς** και μένει **-η.** Στη γενική του πληθυντικού έχουν **-ων:**

Ενικός αριθμός

Ονομαστική	ο ναύτης	ο μαθητής
Γενική	του ναύτη	του μαθητή

Πληθυντικός αριθμός

Ονομαστική	οι ναύτες	οι μαθητές
Γενική	των ναυτών	των μαθητών

Γ. Τα αρσενικά που τελειώνουν σε **-ας** στη γενική του ενικού αποβάλλουν το **-ς** και μένει το **-α.** Στη γενική του πληθυντικού έχουν **-ων:** ο πατέρας, του πατέρα, των πατέρων.

27. The possessive case of the masculines

Read the following sentences:

1. Ο **θεός** είναι μεγάλος. - God is great.
2. Ο **πατέρας** είναι καλός - The father is good.
3. Η **αδελφή** ήρθε χτές. - The sister came yesterday.
4. Το **παιδί** διαβάζει το μάθημα του. - The child reads his lesson.

The words **θεός, πατέρας, αδελφή, παιδί,** are the subjects of the sentences and they are in the nominative (ονομαστική) case.

Now read the following sentences:

1. Το όνομα **του θεού** είναι μεγάλο.   The name of the God is great.
2. Το καπέλο **του πατέρα** είναι εδώ.   The father's hat is here.
3. Το όνομα **της αδελφής** είναι Μαρία.   The sister's name is Maria.
4. Το μάθημα **του παιδιού** είναι δύσκολο.The child's lesson is difficult.

In the above sentences the words **του θεού, του πατέρα, της αδελφής, του παιδιού,** are in the possessive (genitive) case. They show possession.

A. The singular of masculines ending in **-ος** is formed by changing **-ος** to **-ου.** In the plural it becomes **-ων.**

Singular number

Nom. ο θεός - the god   ο άνθρωπος - the man
Poss. του θεού - of the god   του ανθρώπου - man's

Plural number

Nom. οι θεοί - gods   οι άνθρωποι - men
Poss. των θεών - of the gods   των ανθρώπων - men's

B. Masculines ending in **-ης** in the possessive, singular number drop the **ς** and keep only **-η.** In the plural they take **-ων.**

Singular number

Nom. ο ναύτης - sailor   ο μαθητής - the pupil
Poss. του ναύτη - of the sailor   του μαθητή - pupil's

Plural number

Nom. οι ναύτες - the sailors   οι μαθητές - the pupils
Poss. των ναυτών - of the sailors   των μαθητών - of the pupils

C. Masculines ending in **-ας,** in the possessive, singular number drop the **-ς** and keep the **-α.** In the plural they take **-ων.** Ο πατέρας, του πατέρα, των πατέρων.

Δ. Αρσενικά που τελειώνουν σε **-ους** ή **-ες** στη γενική του ενικού αποβάλλουν το **-ς** και μένει **ου** ή **ε**. Στην ονομαστική του πληθυντικού έχουν **- έδες**· για να κάμουν τη γενική αποβάλλουν το **-ες** και παίρνουν **-ων**.

Ενικός αριθμός

Ονομαστική	ο παππούς	ο καφές	ο καναπές
Γενική	του παππού	του καφέ	του καναπέ

Πληθυντικός αριθμός

Ονομαστική	οι παππούδες	οι καφέδες	οι καναπέδες
Γενική	των παππούδων	των καφέδων	των καναπέδων

28. Εξακολουθητικός Μέλλοντας των ρημάτων

Ο Εξακολουθητικός Μέλλοντας φανερώνει κάτι που θα γίνεται στο μέλλον (in the future) εξακολουθητικά. Επίσης φανερώνει κάτι που θα γίνεται κατ᾽ επανάληψη (repetition).

Σχηματίζεται αφού βάλουμε μπροστά στον ενεστώτα το μόριο (particle) θα. Π.χ. παίζω - θα παίζω, γράφω - θα γράφω. Κλίνεται δε σαν τον ενεστώτα:

θα γράφω	θα τρώγω
θα γράφεις	θα τρώγεις
θα γράφει	θα τρώγει
θα γράφουμε, -ομε	θα τρώγουμε - ομε
θα γράφετε	θα τρώγετε
θα γράφουν	θα τρώγουν

29. Στιγμιαίος Μέλλοντας

Ο Στιγμιαίος Μέλλοντας φανερώνει κάτι που θα γίνει στο μέλλον (in the future). Σχηματίζεται από τη ρίζα του αορίστου. Παίρνει τις ίδιες καταλήξεις με τον ενεστώτα, όπως και ο εξακολουθητικός μέλλοντας.

γράφω - αόριστος έγραψα - θέμα **γραψ**- κατάληξη -ω = θα γράψω

D. Masculines ending in **-ους** or **-ες** form the singular possessive by
dropping the **-ς;** in the plural possessive they drop the **-ες** and add -
ων.

Singular number

Nom. ο παππούς = the grandfather   ο καφές = the coffee
Poss. του παππού = of the grandfather   του καφέ = of the coffee

Plural number

Nom. οι παππούδες = the grandfathers   οι καφέδες = the coffees
Poss. των παππούδων = of the grandfathersτων καφέδων=of the coffees

28. The Future Continuous Tense

The Future Continuous Tense denotes an action that will be taking
place in the future. It is formed by adding in front of the present tense
the particle **θα.**

θα γράφω = I shall be writing   θα τρώγω = I shall be eating
θα γράφεις = you will be writing   θα τρώγεις = you will be eating
θα γράφει   etc.   θα τρώγει   etc.

θα γράφ-ουμε, -ομε   θα τρώγ-ουμε, -ομε
θα γράφετε   θα τρώγετε
θα γράφουν   θα τρώγουν

29. The Future Simple Tense - Shows an action that will take place in
the future. It is formed from the past simple tense root.

The endings are those of the present tense. It is also preceded be the
particle **θα.**

Past Simple tense of **γράφω**   is **έγραψα**
Root **γραψ-**
Suffix **-ω**
Future Tenses particle **θα**   = θα γράψω

θα γράψω - I shall write	θα παίξω - I shall play
θα γράψεις	θα παίξεις
θα γράψει	θα παίξει
θα γράψουμε, -ομε	θα παίξ-ουμε, -ομε
θα γράψετε	θα παίξετε
θα γράψουν	θα παίξουν

30. Μέλλοντας Εξακολουθητικός και Στιγμιαίος Μέλλοντας των ρημάτων δευτέρας, τρίτης και τετάρτης συζυγίας.

˙Ολοι αυτοί οι χρόνοι σχηματίζονται όπως και στα ρήματα της πρώτης συζυγίας.

πεινώ (2)	θα πεινώ	θα πεινάσω
αγαπώ (2)	θα αγαπώ	θα αγαπήσω
μπορώ (3)	θα μπορώ	θα μπορέσω
ζώ	θα ζω	θα ζήσω
λύνομαι	θα λύνομαι	θα λυθώ
εργάζομαι	θα εργάζομαι	θα εργαστώ

31. Η Γενική των θηλυκών - Possessive of the Feminines

Τα θηλυκά που τελειώνουν σε -α, -η, -ου, και -ω στη γενική του ενικού προσθέτουν -ς. Στον πληθυντικό έχουν -ων.

Ενικός αριθμός

Ονομαστική	η μητέρα	η θάλασσα	η χαρά
Γενική	της μητέρας	της θάλασσας	της χαράς

Πληθυντικός αριθμός

Ονομαστική	οι μητέρες	οι θάλασσες	οι χαρές
Γενική	των μητέρων	των θαλασσών	των χαρών

Ενικός αριθμός

Ονομαστική	η αδελφή	η νίκη	η φωνή
Γενική	της αδελφής	της νίκης	της φωνής

Πληθυντικός αριθμός

Ονομαστική	οι αδελφές	οι νίκες	οι φωνές
Γενική	των αδελφών	των νικών	των φωνών

θα γράψω = I shall write
θα γράψεις = you will write
θα γράψει

θα γράψ-ουμε, -ομε
θα γράψετε
θα γράψουν

θα παίξω = I shall play
θα παίξεις = you will play
θα παίξει etc.

θα παίξ-ουμε -ομε
θα παίξετε
θα παίξουν

30. Future Continuous and Future Simple of the Second, Third and Fourth Conjugations

All these tenses are formed in the same way as in verbs in group one.

πεινώ (2) = I am hungry	θα πεινώ = I shall be hungry	θα πεινάσω = I shall be hungry
αγαπώ (2) = I love	θα αγαπώ = I shall be loving	θα αγαπήσω = I shall love
μπορώ (3) = I can, am able	θα μπορώ = I shall be able	θα μπορέσω = I shall be able
ζώ (3) = I live	θα ζώ = I shall be living	θα ζήσω = I shall live
δένομαι (4) = I am tied	θα δένομαι = I shall be tied	θα δεθώ = I shall be tied

31. The possessive of the feminines

Feminines ending in -α, -η, -ου, and -ω, in the singular possessive add -ς and in the plural -ων.

Singular number
Nom. η μητέρα = the mother   η θάλασσα = the sea
Poss. της μητέρας = of the mother   της θάλασσας = of the sea

Plural number
Nom. οι μητέρες = the mothers   οι θάλασσες = the seas
Poss. των μητέρων = of the mothers των θαλασσών = of the seas

Singular number
Nom. η αδελφή = the sister   η φωνή = the voice
Poss. της αδελφής = of the sister   της φωνής = of the voice

Plural number
Nom. οι αδελφές = the sisters   οι φωνές = the voices
Poss. των αδελφών = of the sisters των φωνών = of the voices

Ενικός αριθμός

Ονομ.	η αλεπού	η Φρόσω
Γεν.	της αλεπούς	της Φρόσως

Πληθυντικός αριθμός

Ονομ.	οι αλεπούδες	(πληθυντικό δεν
Γεν.	των αλεπούδων έχουν τα κύρια ονόματα)

Β. Τα θηλυκά που τελειώνουν σε **-ος** κλίνονται όπως και τα αρσενικά που έχουν την ίδια κατάληξη. Στη γενική του ενικού έχουν **ου** και στον πληθυντικό **-ων.**

Ενικός αριθμός

Ονομ.	η Ρόδος	η έρημος
Γεν.	της Ρόδου	της ερήμου

Πληθυντικός αριθμός

Ονομ.		οι έρημοι
Γεν.		των ερήμων

Γ. Τα θηλυκά που τελειώνουν σε **-η** και έχουν **-εις** στην ονομαστική του πληθυντικού, κλίνονται έτσι:

Ενικός αριθμός

Ονομ.	η πόλη	η τάξη
Γεν.	της πόλης και πόλεως	της τάξης και τάξεως

Πληθυντικός αριθμός

Ονομ.	οι πόλεις	οι τάξεις
Γεν.	των πόλεων	των τάξεων

(Στη σελίδα 68 υπάρχει κατάλογος άλλων λέξεων που κλίνονται με τον ίδιο τρόπο).

Singular number

Nom. η αλεπού = the fox   η Φρόσω

Poss. της αλεπούς = of the fox   της Φρόσως = Froso's

Plural number

Nom. οι αλεπούδες = the foxes   (proper nouns have no

Poss. των αλεπούδων = of the foxes   plural)

B. Feninines that end in **-ος** are declined as the masculines ending in -**ος**. In the singular possessive they have **-ου** and in the plural **-ων.**

Singular number

Nom. η Ρόδος = Rhodes   η έρημος = desert

Poss. της Ρόδου = of Rhodes   της ερήμου = of the desert

Plural number

Nom.   οι έρημοι = the deserts

Poss. (no plural)   των ερήμων = of the deserts

C. Feminines ending in **-η** and having in the nominative plural **-εις** are declined as follows:

Singular number

Nom. η πόλη = the city   η τάξη = the class

Poss. της πόλης and της πόλεως =   της τάξης and της τάξεως -
     of the city   of the class

Plural number

Nom. οι πόλεις = the cities   οι τάξεις = the classes

Poss. των πόλεων = of the cities   των τάξεων = of the classes

(On page 68 you will find a list of words declined as the two words above)

32. Γενική των ουδετέρων

Α. Τα ουδέτερα που τελειώνουν σε **-ο** στη γενική του ενικού έχουν **-ου**
και στον πληθυντικό **-ων.**

Ενικός αριθμός

Ονομ. το αυγό   το αυτοκίνητο
Γεν. .του αυγού   του αυτοκινήτου

Πληθυντικός αριθμός

Ονομ. τα αυγά   τα αυτοκίνητα
Γεν. των αυγών   των αυτοκινήτων

Β. Τα ουδέτερα που τελειώνουν σε **-ι**, στη γενική του ενικού προσθέτουν
-ου και στη γενική του πληθυντικού **-ων.**

Ενικός αριθμός

Ονομ. το παιδί   το καλοκαίρι
Γεν. του παιδιού   του καλοκαιριού

Πληθυντικός αριθμός

Ονομ. τα παιδιά   τα καλοκαίρια
Γεν. των παιδιών   των καλοκαιριών

Γ. Τα ουδέτερα που τελειώνουν σε **-μα(α)** στη γενική του ενικού
προσθέτουν **-τος** και στη γενική του πληθυντικού **-των.**

Ενικός αριθμός

Ονομ. το όνομα   το γράμμα
Γεν. του ονόματος   του γράμματος

Πληθυντικός αριθμός

Ονομ. τα ονόματα   τα γράμματα
Γεν. των ονομάτων   των γραμμάτων

Δ. Τα ουδέτερα που τελειώνουν σε **-ος** στη γενική του ενικού έχουν -
ους και στη γενική του πληθυντικού **-ων** ή **-έων.**

32. The possessive of neuters

A. Neuters ending in **-o** in the singular possessive have **-ou** and in the plural **-ων.**

Singular number

Nom. το αυγό = the egg   το αυτοκίνητο = the car
Poss. του αυγού = of the egg   του αυτοκινήτου = of the car

Plural number

Nom. τα αυγά = the eggs   τα αυτοκίνητα = the cars
Poss. των αυγών = of the eggs   των αυτοκινήτων = of the cars

B. Neuters ending in **-ι** in the singular possessive add **-ou** and in the plural **-ων.**

Singular number

Nom. το παιδί = the child   το καλοκαίρι = the summer
Poss. του παιδιού = of the child   του καλοκαιριού = of the
                                         summer

Plural number

Nom. τα παιδιά = the children   τα καλοκαίρια = the summers
Poss. των παιδιών = of the children   των καλοκαιριών = of the
                                         summers

C. Neuters ending in **-μα** in the singular possessive have **-τος** and in the plural **-των.**

Singular number

Nom. το όνομα = the name   το γράμμα = the letter
Poss. του ονόματος = of the name   του γράμματος = of the letter

Plural number

Nom. τα ονόματα = the names   τα γράμματα = the letters
Poss. των ονομάτων = of the names   των γραμμάτων = of the
                                         letters

D. Neuters ending in **-ος** in the singular possessive have **-ους** and in the plural **-ων** or **-έων.**

Ενικός αριθμός

Ονομ.	το δάσος	το έθνος
Γεν.	του δάσους	του έθνους

Πληθυντικός αριθμός

Ονομ.	τα δάση	τα έθνη
Γεν.	των δασών	των εθνών

Ενικός αριθμός

Ονομ.	το λάθος
Γεν.	του λάθους

Πληθυντικός αριθμός

Ονομ.	τα λάθη
Γεν.	των λαθών

7. Η αιτιατική των αρσενικών

΄Οταν η ενέργεια (action) του υποκειμένου μεταβαίνει (is transfered) σε μια άλλη λέξη, η λέξη αυτή είναι στην αιτιατική πτώση (accusative case) Π.χ.

Βλέπω **τον ουρανό.**
Αγαπώ **τον πατέρα μου.**
Ακούω **τη μητέρα μου.**
Τρώγω **το φαγητό** μου.

Οι λέξεις **τον ουρανό, τον πατέρα, τη μητέρα, το φαγητό** είναι στην αιτιατική πτώση, γιατί η ενέργεια του υποκειμένου κάθε πρότασης πηγαίνει στις λέξεις αυτές.

Α. Η αιτιατική του ενικού των αρσενικών που τελειώνουν σε -ος γίνεται αφού αφαιρέσουμε το **-ς.** Στον πληθυντικό έχουμε **-ους.**

Ενικός αριθμός

Ονομ.	ο θεός	ο ποταμός	ο άνθρωπος
Αιτ.	τον θεό	τον ποταμό	τον άνθρωπο

Πληθυντικός αριθμός

Ονομ.	οι θεοί	οι ποταμοί	οι άνθρωποι
Αιτ.	τους θεούς	τους ποταμούς	τους ανθρώπους

Nom. το δάσος = the forest   το έθνος = the nation
Poss. του δάσους = of the forest   του έθνους = of the nation

Plural number

Nom. τα δάση = the forests   τα έθνη = the nations
Poss. των δασών = of the forests   των εθνών = of the nations

Singular number

Nom. το λάθος = the error
Poss. του λάθους = of the error

Plural number

Nom. τα λάθη = the errors
Poss. των λαθών = of the errors

33. The accusative of the masculines

In the transitive verbs the action of the subject is transfered to the object which is in the accusative case. Read the following examples:

1. Βλέπω **τον ουρανό** - I see the **sky.**
2. Αγαπώ **τον πατέρα** μου. - I love my **father.**
3. Ακούω **τη μητέρα** μου. - I hear my **mother.**
4. Τρώγω **το φαγητό** μου. - I eat my **food.**

The words **τον ουρανό, τον πατέρα, τη μητέρα, το φαγητό** are in the accusative case since the action of the subject in each sentence goes to these words.

A. We form the accusative of the masculines ending in **-ος** by dropping the final **-s.** In the plural the ending is - **ους.**

Nom. ο θεός - the god   ο ποταμός - the river   ο άνθρωπος - the man
Acc. τον θεό - the god   τον ποταμό - the river   τον άνθρωπο - the man

Plural number

Nom. οι θεοί - the gods   οι ποταμοί - the rivers   οι άνθρωποι - the men
Acc. τους θεούς -   τους ποταμούς -   τους ανθρώπους -
      the gods   the rivers   the men

* In English the accusative and the nominative cases have the same form.

B. Τα αρσενικά που τελειώνουν σε **-ας, -ης, -ους,** και **-ες** στην αιτιατική του ενικού αποβάλλουν το **-ς.** Η αιτιατική του πληθυντικού είναι η ίδια όπως η ονομαστική.

Ενικός αριθμός

Ονομ.	ο πατέρας	ο μαθητής
Αιτ.	τον πατέρα	τον μαθητή

Πληθυντικός αριθμός

Ονομ.	οι πατέρες	οι μαθητές
Αιτ.	τους πατέρες	τους μαθητές

Ενικός αριθμός

Ονομ.	ο παππούς	ο καφές
Αιτ.	τον παππού	τον καφέ

Πληθυντικός αριθμός

Ονομ.	οι παππούδες	οι καφέδες
Αιτ.	τους παππούδες	τους καφέδες

34. Η αιτιατική των θηλυκών

Τα θηλυκά που τελειώνουν σε **-α, -η, -ου** και **-ω** έχουν την αιτιατική τους ίδια με την ονομαστική.

Ενικός αριθμός

Ονομ.	η μητέρα	η αδελφή
Αιτ.	τη μητέρα	την αδελφή

Πληθυντικός αριθμός

Ονομ.	οι μητέρες	οι αδελφές
Αιτ.	τις μητέρες	τις αδελφές

Ενικός αριθμός

Ονομ.	η αλεπού	η Φρόσω
Αιτ.	την αλεπού	την Φρόσω

Πληθυντικός Αριθμός

Ονομ.	οι αλεπούδες
Αιτ.	τις αλεπούδες

B. Masculines ending in **-ας, -ης, -ους,** and **-ες,** in the singular accusative drop the **-ς.** The plural accusative is the same as the nominative.

Singular number

Nom. ο πατέρας - the father   ο μαθητής - the pupil
Acc. τον πατέρα - the father   τον μαθητή - the pupil

Plural number

Nom. οι πατέρες - the fathers   οι μαθητές - the pupils
Acc. τους πατέρες - the fathers   τους μαθητές - the pupils

Singular number

Nom. ο παππούς - the grandfather   ο καφές - the coffee
Acc. τον παππού - the grandfather   τον καφέ - the coffee

Plural number

Nom. οι παππούδες - the grandfathers οι καφέδες - the coffees
Acc. τους παππούδες - the grandfathers τους καφέδες - the coffees

34. The accusative of feminines

Feminines ending in **-α, -η, -ου,** and **-ω** have the same accusative as their nominative.

Singular number

Nom. η μητέρα - the mother   η αδελφή - the sister
Acc. τη   μητέρα - the mother   την αδελφή - the sister

Plural number

Nom. οι μητέρες - the mothers   οι αδελφές - the sisters
Acc. τις μητέρες - the mothers   τις αδελφές - the sisters

Singular number

Nom. η αλεπού - the fox   η Φρόσω - Froso
Acc. την αλεπού - the fox   τη Φρόσω - Froso

Plural number

Nom. οι αλεπούδες - the foxes
Acc. τις αλεπούδες - the foxes

Ενικός αριθμός

Ονομ.	η πόλη	η τάξη
Αιτ.	την πόλη	την τάξη

Πληθυντικός αριθμός

Ονομ.	οι πόλεις	οι τάξεις
Αιτ.	τις πόλεις	τις τάξεις

Β. Θηλυκά που τελειώνουν σε **-ος** στην αιτιατική του ενικού αποβάλλουν το **-ς**. Στην αιτιατική του πληθυντικού έχουν **-ους**.

Ενικός αριθμός

Ονομ.	η έρημος	η Ρόδος
Αιτ. την έρημο	την έρημο	τη Ρόδο

Πληθυντικός αριθμός

Ονομ.	οι έρημοι
Αιτ.	τις ερήμους

35. Η αιτιατική των ουδετέρων.

Στα ουδέτερα η αιτιατική και των δύο αριθμών είναι η ίδια όπως και η ονομαστική.

Ενικός αριθμός

Ονομ.	το αυγό	το κρασί
Αιτ.	το αυγό	το κρασί

Πληθυντικός αριθμός

Ονομ.	τα αυγά	τα κρασιά
Αιτ.	τα αυγά	τα αυγά

Ενικός αριθμός

Ονομ.	το όνομα	το δάσος
Αιτ.	το όνομα	το δάσος

Πληθυντικός αριθμός

Ονομ.	τα ονόματα	τα δάση
Αιτ.	τα ονόματα	τα δάση

Singular number

Nom. η πόλη - the city   η τάξη - the class
Acc. την πόλη - the city   την τάξη - the class

Plural number

Nom. οι πόλεις - the cities   οι τάξεις - the classes
Acc. τις πόλεις - the cities   τις τάξεις - the classes

B. Feminines ending in **-ος** in the accusative case of the singular number drop the **-ς.** In the plural they have **-ους.**

Singular number

Nom. η έρημος - the desert   η Ρόδος - Rhodes
Acc. την έρημο - the desert   τη Ρόδο - Rhodes

Plural number

Nom. οι έρημοι - the deserts
Acc. τις ερήμους - the deserts

35. The accusative of the neuters

The accusative of the neuters in both numbers is the same as the nominative.

Singular number

Nom. το αυγό - the egg   το κρασί - the wine
Acc. το αυγό - the egg   το κρασί - the wine

Plural number

Nom. τα αυγά - the eggs   τα κρασιά - the wines
Acc. τα αυγά - the eggs   τα κρασιά - the wines

Singular number

Nom. το όνομα - the name   το δάσος - the forest
Acc. το όνομα - the name   το δάσος - the forest

Plural number

Nom. τα ονόματα - the names   τα δάση - the forests
Acc. τα ονόματα - the names   τα δάση - the forests

35. Οι πτώσεις

Έχουμε τέσσερις πτώσεις:

1. Την ονομαστική
2. Τη γενική
3. Την αιτιατική και
4. Την κλητική

Η **Ονομαστική** είναι η πτώση του υποκειμένου, αυτό για το οποίο γίνεται λόγος στην πρόταση. Π.χ.

Ο **θεός** είναι καλός
Οι μαθητές διαβάζουν τα μαθήματά τους.
Η μητέρα μαγειρεύει.
Τα παιδιά είναι άτακτα.

Η **Γενική** δείχνει τον κτήτορα, αυτόν που έχει κάτι. Π.χ.

Το βιβλίο **του μαθητή** είναι ακριβό.
Τα μαλλιά **της μητέρας** είναι ξανθά.
Τα ρούχα **των παιδιών** είναι καθαρά.
Το δωμάτιο **της κόρης** είναι φωτεινό.

Η **Αιτιατική** είναι η πτώση του αντικειμένου· σ᾿ αυτό μεταβαίνει η ενέργεια του υποκειμένου. Π.χ.

Τα παιδιά τρώγουν **παγωτό.**
Βλέπω **τον πατέρα** και **τη μητέρα**
Οι αρχαίοι Έλληνες είχαν πολλούς **θεούς.**
Τρώμε **τις κόκκινες τομάτες.**

Η **Κλητική** είναι η πτώση που χρησιμοποιούμε για να προσφωνήσουμε (καλέσουμε) (address) κάποιον. Π.χ.

Μητέρα, σ᾿ αγαπώ πολύ.
Γιώργο, έλα εδώ.
Παιδιά, αύριο δεν έχουμε σχολείο.

35. The cases - Πτώσεις

There are four cases:

1. The nominative - ονομαστική
2. The possessive or genitive - γενική
3. The accusative or objective - αιτιατική
4. The nominative of address - κλητική

The nominative is the case of the subject. Ex.:

Ο θεός είναι καλός	- **God** is good.
Οι μαθητές διαβάζουν τα μαθήματά τους.	- **The pupils** study their lessons.
Η μητέρα μαγειρεύει	- **The mother** cooks.
Τα παιδιά είναι άτακτα	- **The children** are unruly.

The possessive or genitive shows possession. Ex.:

Το βιβλίο **του μαθητή** είναι ακριβό.	- **The pupil's** book is expensive.
Τα μαλλιά **της μητέρας** είναι ξανθά.	- **Mother's** hair is blond.
Τα ρούχα **των παιδιών** είναι καθαρά.	- **The children's** clothes are clean.
Το δωμάτιο **της κόρης** είναι φωτεινό.	- **The girl's** room is bright.

The accusative or objective is the case of the object.

Τα παιδιά τρώγουν **παγωτό.**	- The children eat **ice cream.**
Βλέπω **τον πατέρα** και **τη μητέρα.**	- I see the **father** and the **mother**
Οι αρχαίοι Έλληνες είχαν **πολλούς θεούς.**	- The ancient Greeks had **many gods.**
Τρώμε τις **κόκκινες τομάτες.**	- We eat the **red tomatoes.**

The nominative of address is the case we use to address someone. Ex.:

Μητέρα, σ' αγαπώ πολύ.	- **Mother,** I love you very much.
Γιώργο, έλα εδώ.	- **George,** come here.
Παιδιά, αύριο δεν έχουμε σχολείο	- **Children,** tomorrow we do not have school.

36. ΚΛΙΣΕΙΣ - DECLENSIONS *

A. **Κλίση των αρσενικών** Καταλήξεις: -ος, -ης, -ας, -ους, -ες
Declension of masculines - Endings -ος, -ης, -ας, -ους, - ες

Ονομ.	ο ουρανός - sky	ο άνθρωπος-man	ο δρόμος - street
Γεν.	του ουρανού	του ανθρώπου	του δρόμου
Αιτ.	τον ουρανό	τον άνθρωπο	τον δρόμο
Κλητ.	ουρανέ	άνθρωπε	δρόμε

Ονομ.	οι ουρανοί	οι άνθρωποι	οι δρόμοι
Γεν.	των ουρανών	των ανθρώπων	των δρόμων
Αιτ.	τους ουρανούς	τους ανθρώπους	τους δρόμους
Κλητ.	ουρανοί	άνθρωποι	δρόμοι

Ενικός αριθμός

Ονομ.	ο μαθητής-pupil	ο ναύτης-sailor
Γεν.	του μαθητή	του ναύτη
Αιτ.	τον μαθητή	τον ναύτη
Κλητ.	μαθητή	ναύτη

Πληθυντικός αριθμός

Ονομ.	οι μαθητές	οι ναύτες
Γεν.	των μαθητών	των ναυτών
Αιτ.	τους μαθητές	τους ναύτες
Κλητ.	μαθητές	ναύτες

Ενικός αριθμός

Ονομ.	ο πίνακας-black-	ο άντρας - man
Γεν.	του πίνακα-board	του άντρα
Αιτ.	τον πίνακα	τον άντρα
Κλητ.	πίνακα	άντρα

Πληθυντικός αριθμός

Ονομ.	οι πίνακες	οι άντρες
Γεν.	των πινάκων	των αντρών
Αιτ.	τους πίνακες	τους άντρες
Κλητ.	πίνακες	άντρες

* Pages with an asterisk(*) are pages for both Greek and English students.

* Ενικός αριθμός

Ονομ.	ο γαλατάς-	ο παπουτσής -
	milk-man	shoe-maker
Γεν.	του γαλατά	του παπουτσή
Αιτ.	τον γαλατά	τον παπουτσή
Κλητ.	γαλατά	παπουτσή

Πληθυντικός αριθμός

Ονομ.	οι γαλατάδες	οι παπουτσήδες
Γεν.	των γαλατάδων	των παπουτσήδων
Αιτ.	τους γαλατάδες	τους παπουτσήδες
Κλητ.	γαλατάδες	παπουτσήδες

Ενικός αριθμός

Ονομ.	ο βαρκάρης	ο φουρνάρης
	boat-man	baker
Γεν.	του βαρκάρη	του φουρνάρη
Αιτ.	τον βαρκάρη	τον φουρνάρη
Κλητ.	βαρκάρη	φουρνάρη

Πληθυντικός αριθμός

Ονομ.	οι βαρκάρηδες	οι φουρνάρηδες
Γεν.	των βαρκάρηδων	των φουρνάρηδων
Αιτ.	τους βαρκάρηδες	τους φουρνάρηδες
Κλητ.	βαρκάρηδες	φουρνάρηδες

Ενικός αριθμός

Ονομ.	ο καφές-coffee	ο καναπές-couch	ο παππούς-grandfather
Γεν.	του καφέ	του καναπέ	του παππού
Αιτ.	τον καφέ	τον καναπέ	τον παππού
Κλητ.	καφέ	καναπέ	παππού

Πληθυντικός αριθμός

Ονομ.	οι καφέδες	οι καναπέδες	οι παππούδες
Γεν.	των καφέδων	των καναπέδων	των παππούδων
Αιτ.	τους καφέδες	τους καναπέδες	τους παππούδες
Κλητ.	καφέδες	καναπέδες	παππούδες

* B. **Κλίση θηλυκών - Καταλήξεις: -α, -η, -ου, -ω, -ος**
Declension of feminines - Endings -α, -η, -ου, -ω, -ος

Ενικός αριθμός

Ονομ.	η χαρά - joy	η ώρα - hour	η θάλασσα - sea
Γεν.	της χαράς	της ώρας	της θάλασσας
Αιτ.	τη χαρά	την ώρα	τη θάλασσα
Κλητ.	χαρά	ώρα	θάλασσα

Πληθυντικός αριθμός

Ονομ.	οι χαρές	οι ώρες	οι θάλασσες
Γεν.	των χαρών	των ωρών	των θαλασσών
Αιτ.	τις χαρές	τις ώρες	τις θάλασσες
Κλητ.	χαρές	ώρες	θάλασσες

Ενικός αριθμός

Ονομ.	η βροχή - rain	η κόρη - girl	η πόλη
Γεν.	της βροχής	της κόρης	της πόλης
Αιτ.	τη βροχή	την κόρη	την πόλη
Κλητ.	βροχή	κόρη	πόλη

Πληθυντικός αριθμός

Ονομ.	οι βροχές	οι κόρες	οι πόλεις
Γεν.	των βροχών	των κορών	των πόλεων
Αιτ.	τις βροχές	τις κόρες	τις πόλεις
Κλητ.	βροχές	κόρες	πόλεις

Ενικός αριθμός

Ονομ.	η Φρόσω-Froso	η αλεπού - fox
Γεν.	της Φρόσως	της αλεπούς
Αιτ.	τη Φρόσω	την αλεπού
Κλητ.	Φρόσω	αλεπού

Πληθυντικός αριθμός

Ονομ.	—	οι αλεπούδες
Γεν.		των αλεπούδων
Αιτ.		τις αλεπούδες
Κλητ.		αλεπούδες

* Ενικός αριθμός

Ονομ.	η έρημος-desert	η Ρόδος-Rhodes	η νήσος - island
Γεν.	της ερήμου	της Ρόδου	της νήσου
Αιτ.	την έρημο	τη Ρόδο	τη νήσο
Κλητ.	έρημος	Ρόδος	νήσος

Πληθυντικός αριθμός

Ονομ.	οι έρημοι	οι νήσοι
Γεν.	των ερήμων	των νήσων
Αιτ.	τις ερήμους	τις νήσους
Κλητ.	έρημοι	νήσοι

Γ. Κλίση ουδετέρων - Καταλήξεις: -ο, -ι, -μα, -ος
Declension of neuters - ending: -ο, -ι, -μα, -ος

Ενικός αριθμός

Ονομ.	το βουνό mountain	το βιβλίο - book	το πρόσωπο
Γεν.	του βουνού	του βιβλίου	του προσώπου
Αιτ.	το βουνό	το βιβλίο	το πρόσωπο
Κλητ.	βουνό	βιβλίο	πρόσωπο

Πληθυντικός αριθμός

Ονομ.	τα βουνά	τα βιβλία	τα πρόσωπα
Γεν.	των βουνών	των βιβλίων	των προσώπων
Αιτ.	τα βουνά	τα βιβλία	τα πρόσωπα
Κλητ.	βουνά	βιβλία	πρόσωπα

Ενικός αριθμός

Ονομ.	το παιδί - child	το τραγούδι- song
Γεν.	του παιδιού	του τραγουδιού
Αιτ.	το παιδί	το τραγούδι
Κλητ.	παιδί	τραγούδι

Πληθυντικός αριθμός

Ονομ.	τα παιδιά	τα τραγούδια
Γεν.	των παιδιών	των τραγουδιών
Αιτ.	τα παιδιά	τα τραγούδια
Κλητ.	παιδιά	τραγούδια

* Ενικός αριθμός

Ονομ.	το όνομα - name	το έδαφος - ground	το λάθος - mistake
Γεν.	του ονόματος	του εδάφους	του λάθους
Αιτ.	το όνομα	το έδαφος	το λάθος
Κλητ.	όνομα	έδαφος	λάθος

Πληθυντικός αριθμός

Ονομ.	τα ονόματα	τα εδάφη	τα λάθη
Γεν.	των ονομάτων	των εδαφών	των λαθών
Αιτ.	τα ονόματα	τα εδάφη	τα λάθη
Κλητ.	ονόματα	εδάφη	λάθη

Δύο ουδέτερα «το φώς» και το «κρέας» κλίνονται έτσι:
Two neuters «φώς» and «κρέας» are declined as follows:

Ενικός αριθμός

Ονομ.	το φώς - light	το κρέας - meat
Γεν.	του φωτός	του κρέατος
Αιτ.	το φώς	το κρέας
Κλητ.	φώς	κρέας

Πληθυντικός αριθμός

Ονομ.	τα φώτα	τα κρέατα
Γεν.	των φώτων	των κρεάτων
Αιτ.	τα φώτα	τα κρέατα
Κλητ.	φώτα	κρέατα

Σαν το «κρέας» κλίνονται:

το πέρας - the end
το τέρας - the monster

Σαν το «φώς» κλίνονται το γεγονός - happening γεν. του γεγονότος
το καθεστώς - regime γεν. του καθεστώτος

Μερικά ουδέτερα τελειώνουν σε **-σιμο, -ξιμο, -ψιμο.** Κλίνονται έτσι:

Ενικός αριθμός

Ονομ.	το δέσιμο - tying	το γράψιμο - writing
Γεν.	του δεσίματος	του γραψίματος
Αιτ.	το δέσιμο	το γράψιμο
Κλητ.	δέσιμο	γράψιμο

* Πληθυντικός αριθμός

Ονομ.	τα δεσίματα	τα γραψίματα
Γεν.	των δεσιμάτων	των γραψιμάτων
Αιτ.	τα δεσίματα	τα γραψίματα
Κλητ.	δεσίματα	γραψίματα

Δ. Αρσενικά που κλίνονται σαν το «ουρανός»:

αδελφός - brother
γιατρός - physician
γιός - son
θεός - god
καιρός - weather
κυνηγός - hunter
λογαριασμός - bill

πεθερός - father-in-law
ποταμός - river
σανός - hay
σκοπός - purpose
Χριστός - Christ

Ε. Αρσενικά που κλίνονται σαν το «δρόμος»:

άμμος - sand
Αλέκος - Alex
Γιώργος - George
διάκος - deacon
δράκος - dragon
θόλος - dome
κάμπος - plain
καπετάνιος - captain

λύκος - wolf
πάγος - ice
πύργος - tower
τάφος - grave
ταχυδρόμος - mailman
φόρος - tax
χώρος - space
λόγος - word, speech
ψήφος - vote

Στ. Αρσενικά που κλίνονται σαν το «άνθρωπος»:

άνεμος - wind
απόστολος - apostle
δάσκαλος - teacher
δήμαρχος - mayor
διάδρομος - hall
έμπορος - merchant
ήλιος - sun

θάνατος - death
θόρυβος - noise

κάτοικος - inhabitant
κίνδυνος - danger
πλάτανος - plane-tree

Ζ. Αρσενικά που κλίνονται σαν το «μαθητής»:

αγοραστής - buyer
βουλευτής - congressman
γυμναστής - gymnastics teacher
δανειστής - creditor

ληστής - robber
μαχητής - fighter
προσκυνητής - worshipper
χορευτής - dancer

H. Αρσενικά που κλίνονται σαν το «ναύτης»: *

βιβλιοπώλης - book-seller	κυβερνήτης - governor
εργάτης - worker	πολίτης - citizen
κλέφτης - thief	ράφτης - tailor

Θ. Αρσενικά που κλίνονται σαν το «πίνακας»:

αιώνας - century	Λεωνίδας - Leonidas
άντρας - man	φύλακας - guard
γίγαντας - giant	χειμώνας - winter
Μαραθώνας - Marathon	

I. Αρσενικά που κλίνονται σαν το «καφές»:

καναπές - couch	τενεκές - tin
κεφτές - meat-ball	Δεουδές - a name
μιναρές - mosque	

K. Αρσενικά που κλίνονται σαν το «παππούς»:

Ιησούς - Jesus	(και τα δυο δεν έχουν πληθυντικό)
νούς - mind	

Λ. Θηλυκά που κλίνονται σαν το «χαρά».

ομορφιά - beauty	μηλιά - apple-tree
φωτιά - fire	

M. Θηλυκά που κλίνονται σαν το «ώρα»:

γλώσσα - tongue, language	τομάτα - tomato
ημέρα - day	χώρα - country
πατάτα - potato	

N. Θηλυκά που κλίνονται σαν το «θάλασσα»:

άγκυρα - anchor	κοινότητα - community
αίθουσα - hall	κρεβατοκάμαρα - bedroom
άμυνα - defense	μαγείρισσα - cook (woman)
ανθρωπότητα - humanity, mankind	μέλισσα - bee
βασίλισσα - queen	όρνιθα - chicken
βασιλόπιτα - New Year's bread	περιφέρεια - area, region
γειτόνισσα - neighbor	ποιότητα - quality
δίαιτα - diet	συνέχεια - continuation
ευλάβεια - piety	τράπεζα - bank
θερμότητα - heat, warmth	
κάμαρα - room	

Ξ. Θηλυκά που κλίνονται σαν το «βροχή»: *

αδελφή - sister
αρχή - beginning
βοή - roar, sound
βροντή - thunder
γραμμή - line
επιγραφή - inscription
ζωή - life
κραυγή - shout
Κυριακή - Sunday

ορμή - violence
παραμονή - eve
πηγή - spring
σαρακοστή - lent
σιωπή - silence
τιμή - honor
τροφή - food
φωνή - voice

Ο. Θηλυκά που κλίνονται σαν το «κόρη»:

αγάπη - love
άκρη - edge, end
ανάγκη - necessity
αντάμωση - meeting
Αφροδίτη - Aphrodite
βρύση - faucet, spring
γνώμη - opinion
δίκη - trial
δικαιοσύνη - justice
Ελένη - Helen

θέρμη - warmth
καλοσύνη - kindness
κούραση - fatigue
λάσπη - mud
Πέμπτη - Thursday
Τετάρτη - Wednesday
τέχνη - art
Τρίτη - Tuesday

Η. Θηλυκά που κλίνονται σαν το «αλεπού»:

η γλωσσού - talkative woman
η καπελού - hat-maker

η μαϊμού - monkey
η φωνακλού - shouting woman

Ρ. Θηλυκά που κλίνονται σαν το «πόλη»:

αίσθηση - sense
ανάγνωση - reading
ανάσταση - resurrection
απόφαση - decision
γέννηση - birth
γνώση - knowledge
διαίρεση - action
είδηση - news, information
εξήγηση - explanation
θέση - position

θύμηση - remembrance
κλίση - declension
κυβέρνηση - goverment
λύση - solution
όρεξη - appetite
πίστη - faith
πράξη - action, deed
τάξη - class
φύση - nature

Σ. Ουδέτερα που κλίνονται σαν το «βουνό»: *

αυγό - egg
νερό - water
φτερό - feather

φυτό - plant
χωριό - village

Τ. Ουδέτερα που κλίνονται σαν το «βιβλίο»:

γραφείο - office
δέντρο - tree
ζώο - animal
θηρίο - beast, wild animal

μήλο - apple
ξύλο - wood
πλοίο - boat, ship
φύλλο - leave

Υ. Ουδέτερα που κλίνονται σαν το «πρόσωπο»:

άλογο - horse
άτομο - person, atom
θέατρο - theater

μέτωπο - forehead

Φ. Ουδέτερα που κλίνονται σαν το «σύννεφο»:

δάχτυλο - finger
κάρβουνο - coal

τριαντάφυλλο - rose
χαμόγελο - smile

κόκκαλο - bone

Χ. Ουδέτερα που κλίνονται σαν το «παιδί»:

αρνί - lamb
αυτί - ear
βιολί - violin
κερί - candle

κλειδί - key
κορμί - body
κουτί - box
κρασί - wine

Ψ. Ουδέτερα που κλίνονται σαν το «τραγούδι»:

αλάτι - salt
αλεύρι - flour
αρνάκι - little lamb
γεφύρι - bridge

καλοκαίρι - summer
καράβι - boat, sails - boat
λουλούδι - flower

Ω. Ουδέτερα που κλίνονται σαν το «όνομα»:

βήμα - step
γάλα - milk
γράμμα - letter
δέμα - package
δέρμα - skin, leather
δράμα - drama

μάθημα - lesson
ποίημα - poem
πράγμα - thing
πρόβλημα - problem
χρώμα - color

Ουδέτερα που κλίνονται σαν το «λάθος»: *

άνθος* - flower	όρος* - mountain
βάρος - weight	πλάτος - width
βέλος - arrow	τείχος - city walls
δάσος - forest	
μήκος - length	
ξίφος - sword	

Ουδέτερα που κλίνονται σαν το «έδαφος»:

μέγεθος - size
στέλεχος - stem, staff member

* Οι λέξεις **άνθος** και **όρος** στη γενική του πληθυντικού έχουν **-έων:** των των ανθέων, των ορέων.

Σαν το «γράψιμο» και δέσιμο κλίνονται:

κλείσιμο - closing
τρέξιμο - running
κ.λ.π.

Μερικά επίθετα τελειώνουν σε -ν και -υ έχουν δική τους κλίση και λέγονται **ιδιόκλιτα:**

Ενικός αριθμός

Ονομ.	το καθήκον - duty	το προϊόν - product	το σύμπαν - universe
Gen.	του καθήκοντος	του προϊόντος	του σύμπαντος
Αιτ.	το καθήκον	το προϊόν	το σύμπαν
Κλητ.	καθήκον	προϊόν	σύμπαν

Πληθυντικός αριθμός

Ονομ.	τα καθήκοντα	τα προϊόντα	τα σύμπαντα
Γεν.	των καθηκόντων	των προϊόντων	των συμπάντων
Αιτ.	τα καθήκοντα	τα προϊόντα	τα σύμπαντα
Κλητ.	καθήκοντα	προϊόντα	σύμπαντα

Ενικός αριθμός *

Ονομ.	το φωνήεν-vowel	το μηδέν - zero	το δόρυ - spear
Gen.	του φωνήεντος	του μηδενός	του δόρατος
Αιτ.	το φωνήεν	το μηδέν	το δόρυ
Κλητ.	φωνήεν	μηδέν	δόρυ

Πληθυντικός αριθμός

Ονομ.	τα φωνήεντα	τα μηδενικά	τα δόρατα
Γεν.	των φωνηέντων	των μηδενικών	των δοράτων
Αιτ.	τα φωνήεντα	τα μηδενικά	τα δόρατα
Κλητ.	φωνήεντα	μηδενικά	δόρατα

Σαν το «καθήκον» κλίνονται:

το παρόν - the present   το μέλλον - the future
το παρελθόν - the past   το περιβάλλον - the environment
το συμφέρον - interest
το ενδιαφέρον - the interest

37. Παρακείμενος, Υπερσυντέλικος και Συντελεσμένος Μέλλοντας
(Present Perfect, Past Perfect and Furure Perfect)
Ο παρακείμενος των ρημάτων

Ο παρακείμενος (Present Perfect) φανερώνει ότι κάτι έχει γίνει στο παρελθόν και τώρα είναι τελειωμένο. Γίνεται με το βοηθητικό ρήμα έχω και το απαρέμφατο (infinitive) του αορίστου.

Ενεστώτας	Αόριστος	Απαρέμφατο
δένω - I tie	έδεσα	δέσει
τρέχω - I run	έτρεξα	τρέξει
παίζω - I play	έπαιζα	παίξει
αγαπώ - I love	αγάπησα	αγαπήσει
μπορώ - I can	μπόρεσα	μπορέσει
κάθομαι- I sit	κάθισα	καθίσει
λέω - I say	είπα	πει
πίνω - I drink	ήπια	πιει

37. Present Perfect, Past Perfect and Furure Perfect

The **Present Perfect** denotes an action that has happened in the past and is now completed. It is formed by the auxiliary verb **ἔχω** and the infinitive of the past simple tense.

Present tense	Past Simple Tense	Infinitive
δένω - I tie	έδεσα	δέσει
τρέχω - I run	έτρεξα	τρέξει
παίζω - I play	έπαιξα	παίξει
αγαπώ - I love	αγάπησα	αγαπήσει
μπορώ - I can	μπόρεσα	μπορέσει
κάθομαι - I sit	κάθισα	καθίσει
λέω - I say	είπα	πεί
πίνω - I drink	ήπια	πιεί

Παρακείμενος του δένω, τρέχω, αγαπώ

έχω δέσει - I have tied   έχω τρέξει - I have run   έχω αγαπήσει - I have loved
έχεις δέσει   έχεις τρέξει   έχεις αγαπήσει
έχει δέσει   έχει τρέξει   έχει αγαπήσει

έχουμε δέσει   έχουμε τρέξει   έχουμε αγαπήσει
έχετε δέσει   έχετε τρέξει   έχετε αγαπήσει
έχουν δέσει   έχουν τρέξει   έχουν αγαπήσει

Ο Υπερσυντέλικος φανερώνει ότι κάτι ήταν τελειωμένο στο παρελθόν, πριν γίνει κάτι άλλο. Γίνεται με το βοηθητικό ρήμα **είχα** (παρατατικός του έχω) και το απαρέμφατο του αορίστου:

είχα δέσει - I had tied   είχα τρέξει - I had run   είχα αγαπήσει - I had loved
είχες δέσει   είχες τρέξει   είχες αγαπήσει
είχε δέσει   είχε τρέξει   είχε αγαπήσει

είχαμε δέσει   είχαμε τρέξει   είχαμε αγαπήσει
είχατε δέσει   είχατε τρέξει   είχατε αγαπήσει
είχαν δέσει   είχαν τρέξει   είχαν αγαπήσει

Ο Συντελεσμένος Μέλλοντας φανερώνει ότι κάτι θα είναι τελειωμένο στο μέλλον ύστερα από κάτι άλλο. Γίνεται με τον παρακείμενο αφού βάλουμε μπροστά το μόριο **θα.**

θα έχω δέσει - I shall   θα έχω τρέξει - I shall   θα έχω αγαπήσει - I shall
θα έχεις δέσει have   θα έχεις τρέξει have run θα έχεις αγαπήσει   have
θα έχει δέσει tied   θα έχει τρέξει   θα έχει αγαπήσει   loved

θα έχουμε δέσει   θα έχουμε τρέξει   θα έχουμε αγαπήσει
θα έχετε δέσει   θα έχετε τρέξει   θα έχετε αγαπήσει
θα έχουν δέσει   θα έχουν τρέξει   θα έχουν αγαπήσει

Present Perfect of δένω, τρέχω, αγαπώ

έχω δέσει - I have tied   έχω τρέξει - I have run   έχω αγαπήσει - I have loved
έχεις δέσει-you have tied   έχεις τρέξει - etc.   έχεις αγαπήσει - etc.
έχει δέσει - he has tied   έχει τρέξει   έχει αγαπήσει

έχουμε δέσει - we have tied   έχουμε τρέξει   έχουμε αγαπήσει
έχετε δέσει - you have tied   έχετε τρέξει   έχετε αγαπήσει
έχουν δέσει - they had tied   έχουν τρέξει   έχουν αγαπήσει-they have loved

The Past Perfect Tense denotes that something had been completed in the past before something else. It is formed by the auxiliary verb **είχα** (past continuous tense of **έχω**) and the infinitive of the past simple tense.

είχα δέσει - I had tied   είχα τρέξει - I had run etc.   είχα αγαπήσει - I had loved
είχες δέσει-you had tied   είχες τρέξει - etc.   είχες αγαπήσει - etc.
είχε δέσει-you had tied   είχε τρέξει   είχε αγαπήσει

είχαμε δέσει-we had tied   είχαμε τρέξει   είχαμε αγαπήσει
είχατε δέσει-you had tied   είχατε τρέξει   είχατε αγαπήσει
είχαν δέσει-they had tied   είχαν τρέξει   είχαν αγαπήσει

The Furure Perfect tense denotes something will be completed in the future befote something else. It is formed by the present tense and the particle **θα.**

θα έχω δέσει-I shall have   θα έχω τρέξει-I shall have   θα έχω αγαπήσει - I shall have
θα έχεις δέσει   tied   θα έχεις τρέξει   run   θα έχεις αγαπήσει   loved
θα έχει δέσει   etc.   θα έχει τρέξει   etc.   θα έχει αγαπήσει   etc.

θα έχουμε δέσει   θα έχουμε τρέξει   θα έχουμε αγαπήσει
θα έχετε δέσει   θα έχετε τρέξει   θα έχετε αγαπήσει
θα έχουν δέσει   θα έχουν τρέξει   θα έχουν αγαπήσει

38. Ρήματα (Ανακεφαλαίωση)

Α. Τα ρήματα είναι λέξεις που φανερώνουν ότι κάνουμε κάτι ή παθαίνουμε κάτι ή βρισκόμαστε σε μια κατάσταση.

α. Τα ρήματα μπορεί να φανερώνουν ότι **μια πράξη γίνεται τώρα.** Π.χ.
  Το παιδί τρώγει. (τώρα)

β. Ότι μια πράξη έγινε στο παρελθόν. Π.χ.
  Το παιδί **έφαγε.** (χτές, προχτές, πέρσι, πριν λίγη ώρα κλπ.)

γ. Ότι κάτι **θα γίνει στο μέλλον.:**
  Το παιδί **θα φάει.** (αύριο, ύστερα από λίγη ώρα, το βράδυ κλπ.)

δ. Ότι κάτι **έχει γίνει.** Π.χ.
  Το παιδί έχει φάει. (πριν λίγη ώρα).

Β. **Πρόσωπα** Τα ρήματα έχουν πρόσωπα·

Ενικός

Πρώτο πρόσωπο - Εγώ γράφω.
Δεύτερο πρόσωπο - Εσύ γράφεις
Τρίτο πρόσωπο   Αυτός (αυτή, αυτό) γράφει

Πληθυντικός

Πρώτο πρόσωπο - Εμείς γράφουμε.
Δεύτερο πρόσωπο - Εσείς γράφετε.
Τρίτο πρόσωπο - Αυτοί (αυτές, αυτά) γράφουν.

Γ. **Αριθμοί.** Τα ρήματα έχουν δυο αριθμούς: **Ενικό,** που φανερώνει ένα πρόσωπο.
Τον Πληθυντικό που φανερώνει πολλά προσωπα.

Δ. **Χρόνοι** - Οι χρόνοι των ρημάτων φανερώνουν πότε γίνεται, έγινε ή θα γίνει κάτι.

Ο Ενεστώτας φανερώνει ότι κάνουμε κάτι τώρα (εξακολουθητικά - continuously) ή φανερώνει μια συνηθισμένη πράξη. Π.χ. γράφω

Ο Παρατατικός φανερώνει κάτι που γινόταν στο παρελθόν. Π.χ. έγραφα

Ο Αόριστος φανερώνει κάτι που έγινε στο παρελθόν για λίγο χρονικό διάστημα Π.χ. έγραψα

38. Verbs (Recapitulation)

A. A verb is a word that expresses action or state of being.

a. A verb may show that an action is taking place now. Ex:
Το παιδί **τρώγει.** - The child eats (is eating) - now or customarily.

b. That an action happened in the past. Ex.:
Το παιδί **έφαγε.** - The child ate.

c. That something will happen in the furure. Ex.:
Το παιδί θα φάει. - The child will eat.

d. That something has happened. Ex.:
Το παιδί έχει φάει. - The child has eaten.

B. **Persons.** The verbs have persons:

First (singular number) - Εγώ γράφω - I write
Second (singular)   - Εσύ γράφεις - You write
Third (singular)   - Αυτός (αυτή, αυτό) γράφει - He, she, it writes.

First (plural number) - Εμείς γράφουμε - We write
Second (plural)   - Εσείς γράφετε - You write
Third (plural)   - Αυτοί (αυτές, αυτά) γράφουν - They write.

C. **Numbers -** The verbs have two numbers: Singular and Plural. The singular number is used for one person or thing, the plural for more than one.

D. **Tenses:** They show when something happens, happened or will happen.

The Present tense denotes an act or condition or state that occurs in present time. Also to assert a general truth.
Ex.: Γράφω - I write
Ο ήλιος ανατέλλει και δύει - The sun rises and sets.

The Past Continuous tense denotes an action that was happening in the past.
E.: Έγραφα - I was writing

The Past Simple Tense states that something happened or existed at some time in the past. Ex.:
Έγραψα - I wrote

Ο Εξακολουθητικός Μέλλοντας φανερώνει κάτι που θα γίνεται στο μέλλον εξακολουθητικά ή κατ᾽ επανάληψη. Π.χ. θα γράφω.

Ο Στιγμιαίος Μέλλοντας φανερώνει κάτι που θα γίνει στο μέλλον σε μια στιγμή. Π.χ. θα γράψω.

Ο Παρακείμενος φανερώνει ότι κάτι έχει γίνει στο παρελθόν και τώρα είναι τελειωμένο. Π.χ. ῎Εχω γράψει.

Ο Υπερσυντέλικος φανερώνει ότι κάτι ήταν τελειωμένο στο παρελθόν πριν γίνει κάτι άλλο. Π.χ. Είχα γράψει, πριν έρθεις.

Ο Συντελεσμένος Μέλλοντας φανερώνει ότι κάτι θα είναι τελειωμένο στο μέλλον ύστερα από κάτι άλλο. Π.χ. θα έχω γράψει μέχρι το βράδυ.

Ε. Καταλήξεις:

Ο Ενεστώτας, ο Εξακολουθητικός Μέλλοντας και ο Στιγμιαίος Μέλλοντας έχουν τις ίδιες καταλήξεις:

-ω, -εις, -ει   -ουμε (-ομε), -ετε, -ουν

Ο Παρατατικός κι ο Αόριστος έχουν τις ίδιες καταλήξεις:

-α, -ες, -ε   -αμε, -ατε, -αν

Ο Παρακείμενος, ο Υπερσυντέλικος και ο Συντελεσμένος Μέλλοντας γίνονται περιφραστικώς, δηλαδή με τη βοήθεια των βοηθητικών ρημάτων «έχω», «είμαι» και το απαρέμφατο. Π.χ. έχω γράψει, είχα γράψει, θα έχω γράψει.

ΣΤ. Συζυγίες - Υπάρχουν τέσσερις συζυγίες.

Η Πρώτη Συζυγία έχει ρήματα που τελειώνουν σε **-ω**. Π.χ.
γράφω, παίζω, πίνω

Η Δεύτερη Συζυγία έχει ρήματα που τελειώνουν σε **-ώ** (τονισμένο) Π.χ.
πεινώ, αγαπώ, διψώ

Η Τρίτη Συζυγία έχει ρήματα που τελειώνουν σε **-ώ**, όπως και η δεύτερη συζυγία, διαφέρουν όμως από τη δεύτερη στη κλίση. Π.χ.
μπορώ, ζώ, οδηγώ.

Η Τέταρτη Συζυγία έχει ρήματα που τελειώνουν σε -μαι. Π.χ.
ντύνομαι, ονομάζομαι, κάθομαι, σκοτώνομαι, κοιμούμαι.

The Future Continuous denotes that something will be taking place in the future. Ex.:

Θα γράφω - I shall be writing

The Future Simple denotes that something will happen in the future. Ex.:

θα γράψω - I shall write

The Present Perfect states a fact that happened recently and is now completed. Ex.:

Έχω γράψει το μάθημα μου - I have written my lesson.

The Past Perfect denotes an action completed in the past before some other action. Ex.:

Είχα γράψει πριν έρθεις. - I had written before you came.

The Future Perfect denotes an action which will be completed in the future after some other action or happening. Ex.:

θα έχω γράψει μέχρι το βράδυ - I shall have written by the evening.

E. Suffixes (Endings):

The Present and the Future Tenses have the endings:

-ω, -εις, -ει   -ουμε (ομε), -ετε, -ουν

The Past Tenses have the endings:

-α, -ες, -ε   -αμε, -ατε, -αν

The Perfect Tenses are formed with the auxiliary verbs «έχω», «είμαι» and the infinitive: έχω γράψει, είχα γράψει, θα έχω γράψει.

F. Conjugations:

There are four conjugations.

First - Verbs end in **-ω** without accent. Ex: γράφω, παίζω

Second - Verbs end in **-ώ** accented.. Ex.: πεινώ, διψώ, αγαπώ

Third - Verbs end in **-ώ** also accented. Ex.: μπορώ, ζώ, οδηγώ

Fourth - Verbs end in **-μαι.** Ex.: ντύνομαι, ονομάζομαι, σκοτώνομαι, κοιμούμαι.

Ζ. **Φωνές**

Τα ρήματα έχουν δυο φωνές: **Την Ενεργητική** και **την Παθητική Φωνή.**

Η Ενεργητική Φωνή φανερώνει ότι το υποκείμενο ενεργεί.

Π.χ. Η **μητέρα** χτενίζει τον Γιώργο.
Η Παθητική φωνή φανερώνει ότι το υποκείμενο παθαίνει κάτι.
Ο Γιώργος χτενίζεται από τη μητέρα.

Η. **Εγκλίσεις.** Οι Εγκλίσεις είναι τρείς: Η Οριστική, η Υποτακτική και η Προστακτική.

Η Οριστική (indicative) φανερώνει κάτι το οριστικό. Π.χ. Γράφω. Ο ήλιος καίει. Χτές έβρεξε. Τέλειωσα το μάθημα μου.

Η Υποτακτική φανερώνει κάτι το προσδοκώμενο (expected). Π.χ. Πιθανόν να βρέξει σήμερα. Ίσως έλθουν. Όταν τελειώσουν τα σχολεία θα πάμε στην θάλασσα.

Η Προστατική (imperative) φανερώνει προσταγή (order) ευχή ή επιθυμία (wish) Π.χ. Κάθισε. Τρέξε γρήγορα. Φάγε το φαγητό σου. Βοήθα, Παναγιά μου.

Εκτός από τις παραπάνω εγκλίσεις έχουμε το **Απαρέμφατο** (infinitive) και τη Μετοχή (participle) που τα λογαριάζουμε σαν εγκλίσεις.

Το Απαρέμφατο χρησιμεύει στο σχηματισμό (formation) ορισμένων χρόνων. Π.χ. δέσει, δεθεί:

έχω	δέσει		
είχα	δέσει	είχα	δεθεί
θα έχω	δέσει	θα έχω	δεθεί

Η Μετοχή είναι **ενεργητική** (active) και γίνεται από τον ενεστώτα:

δένω - δένοντας   αγαπώ - αγαπώντας
γράφω - γράφοντας   μιλώ - μιλώντας

και **παθητική (**passive) και γίνεται από τον ενεστώτα ή τον παρακείμενο

γράφομαι - γραμμένος
εργάζομαι - εργαζόμενος
δένομαι - δεμένος
καταστρέφω - κατεστραμμένος

G. **Voices -** Verbs have two voices: **Active** and **Passive Voice.**

In the Active Voice the subject acts: Η μητέρα χτενίζει τον Γιώργο.

In the Passive Voice the subject is acted upon: Ο Γιώργος χτενίζεται από τη μητέρα.

H. **Moods -** There are three Moods: **The Indicative, the Subjunctive** and **the Imperative.**

The Indicative states a fact: Γράφω - I write. Ο ήλιος καίει - the sun burns. Χτές έβρεξε - Yesterday it rained. Τέλειωσα το μάθημά μου - I have finished my lesson.

The Subjunctive denotes an action or state as possible, supposed or imagined, unreal, conditional, doubtful, contrary to fact, or desired. Ex.: Πιθανόν να βρέξει - It is possible that it will rain Ίσως έλθουν - Perhaps they will come. Όταν τελειώσουν τα σχολεία θα πάμε στη θάλασσα - We will go to the sea when the schools finish.

The Imperative mood is used to express a command, wish, entreaty etc. Ex.:
Κάθισε - Sit down. Τρέξε γρήγορα - Run quickly. Φάγε το φαγητό σου - Eat your meal. Βοήθα, Παναγιά μου - Help, Mother of God!

In addition to the above three moods we have the **Infinitive** and the **Participle:**

The Infinitive is used in forming certain tenses: Ex.: The Infinitive of «δένω» is active **«δέσει»** and passive **«δεθεί».**

Pr. P.	έχω	δέσει - I have tied	έχω δεθεί - I have been tied
P.P.	είχα	δέσει - I had tied	είχα δεθεί - I had been tied
F.P.	θα έχω	δέσει - I shall have tied	θα έχω δεθεί - I shall have been tied

The Participle is **Active** and is formed from the present tense

δένω - δένοντας - tying   αγαπώ - αγαπώντας - loving
γράφω - γράφοντας - writing   μιλώ - μιλώντας - talking

and **Passive** and is formed from the present tense or the present perfect:

γράφομαι - γραμμένος - written
εργάζομαι - εργαζόμενος - working (person)
δένομαι - δεμένος - tied
καταστρέφω - κατεστραμμένος - destroyed

Η παθητική μετοχή του ενεστώτα τελειώνει σε **-όμενος** (εργαζόμενος) ή **-ώμενος** (αγαπώμενος) ή **-άμενος** (τρεμάμενος) ή **-ούμενος** (χαρούμενος).

Η μετοχή του Παρακειμένου τελειώνει σε **-μένος** (δεμένος, γραμμένος, δροσισμένος, ανοιγμένος κλπ.) Χρησιμοποιείται πολύ η ενεργητική μετοχή και η παθητική του παρακειμένου.

39. Ενεργητική, παθητική, μέση και ουδέτερη διάθεση
The Active, Passive, Middle and Neutral Conjugation

1. Η μητέρα ντύνει το παιδί.

Στην πρόταση αυτή το υποκείμενο (μητέρα) ενεργεί (acts) γιαυτό λέμε ότι το ρήμα είναι στην **ενεργητική διάθεση.**

2. Το παιδί **ντύνεται** από τη μητέρα.

Στην πρόταση αυτή το υποκείμενο (παιδί) δέχεται μια ενέργεια, την ενέργεια της μητέρας που το ντύνει. Γιαυτό λέμε ότι το ρήμα είναι στην **παθητική διάθεση.**

3. Το παιδί **ντύνεται.**

Στην πρόταση βλέπομε ότι το υποκείμενο (το παιδί) κάνει κάτι στον εαυτό του, δηλαδή η ενέργειά του πηγαίνει πίσω σ᾽ αυτό. Γιαυτό λέμε πως το ρήμα είναι στη **μέση διάθεση.**

4. Το παιδί **κοιμάται.**

Στην πρόταση αυτή το υποκείμενο ούτε ενεργεί ούτε δέχεται καμμιά ενέργεια. Λέμε ότι το ρήμα είναι στην ουδέτερη διάθεση.

῎Εχουμε λοιπόν τέσσερις διαθέσεις:

Την ενεργητική, την παθητική, τη μέση και **την ουδέτερη**

Τα ρήματα που είναι στην ενεργητική διάθεση μπορεί να είναι **μεταβατικά** (transitive) και **αμετάβατα** (intransitive).

Μεταβατικά είναι τα ρήματα που παίρνουν **αντικείμενο** (object) **Αντικείμενο** είναι η λέξη στην οποία μεταβαίνει η ενέργεια του υποκειμένου. Π.χ.

The Passive participle ends in **-όμενος** (εργαζόμενος) or **-ώμενος** (αγαπώμενος -loved) or **-άμενος** (τρεμάμενος - trembling) or **-ούμενος** (χαρούμενος - joyful).

The present perfect participle ends in **-μένος** (δεμένος - tied, γραμμένος - written, δροσισμένος - refreshed, ανοιγμένος -open). The active present participle and the passive present participle are used more extensively than the others.

39. Active, Passive, Middle and neutral conjugation

1. Η μητέρα **ντύνει** το παιδί. - The mother dresses the child.
In this sentence the verb (μητέρα) acts. Therefore we say it is in the **active voice.**

2. Το παιδί **ντύνεται** από τη μητέρα - The child is dressed by the mother.
In this sentence the subject (το παιδί) receives the action. It is in the **passive voice.**

3. Το παιδί **ντύνεται. -** The child dresses himself.
In this sentence the action of the subject (παιδί) returns to him. The verb is in the **middle voice.**

4. Το παιδί **κοιμάται.** - The child is sleeping.
In this sentence the subject neither acts nor receives any action. We say that it is in the **neutral voice.** In the Engligh language the Middle Voice covers the Neutral also.

The verbs of the First Mood may be **transitive** or **intransitive. Transitive verbs** are the verbs which take an **object.** E.g.:

Η μητέρα ντύνει το **παιδί.** The word **παιδί** is the object of the verb **ντύνει** because the action of the verb is transfered to the word **παιδί.**

Τα παιδιά κάνουν ένα **χιονάθρωπο. Χιονάθρωπο** is the object of the verb **κάνουν.**

Η Μαρία σκουπίζει το **πάτωμα. Πάτωμα** is the object of the verb **σκουπίζει.**

Intransitive verbs are those which do not take an object.

Τα παιδιά **χορεύουν. Χορεύουν** is intransitive because its action does not transfer to another word.

Η μητέρα ντύνει το **παιδί**. Παιδί = αντικείμενο, γιατί η ενέργεια του υποκειμένου **μητέρα** πηγαίνει στη λέξη **παιδί**.

Το αντικείμενο το βρίσκουμε αν ρωτήσουμε με τη λέξη **τι**. Τι ντύνει η μητέρα; Το παιδί.

Αμετάβατα ρήματα είναι τα ρήματα που δεν παίρνουν αντικείμενο, δηλαδή η ενέργεια του ρήματος δεν πάει σε καμμιά άλλη λέξη. Π.χ. Τα παιδιά **χορεύουν**. Το ρήμα **χορεύουν** είναι **αμετάβατο**. Η ενέργειά του δεν πηγαίνει σε άλλη λέξη.

ΚΛΙΣΗ ΤΩΝ ΡΗΜΑΤΩΝ *

Α. Πρώτη Συζυγία (Group 1) - FIRST CONJUGATION
Ενεργητική Φωνή - Active Voice

Οριστική Indicative	Υποτακτική Subjunctive	Προστακτική Imperative	Απαρέμ- φατο	Μετοχή Participle
δένω - I tie δένεις - you tie δένει - he ties	δένω - that I may tie δένεις etc. δένει	δένε - be tying, tie		δένοντας tying
δένουμε, δένομε - we tie δένετε - you tie δένουν - they tie	δένουμε, δένομε	δένετε-be tying tie		
Παρατατικός **Past Continuous**				
έδενα - I was tying έδενες - you were tying έδενε - he was tying				
δέναμε - we were tying δένατε - you were tying έδεναν - they were tying				
Αόριστος **Past Simple**				
έδεσα - I tied έδεσες - you tied έδεσε - he tied	δέσω - that I may δέσεις tie δέσει etc.		δέσει to tie	
δέσαμε - we tied δέσατε - you tied έδεσαν - they tied	δέσουμε, δέσομε δέσετε δέσουν			

Εξακ. Μέλλοντας **Future Continuous**	Στιγμιαίος Μέλλοντας **Future Simple**
θα δένω - I shall be tying θα δένεις - you will be tying θα δένει - he will be tying	θα δέσω - I shall tie θα δέσεις - you will tie θα δέσει - he will tie
θα δένουμε, δένομε - we shall be tying θα δένετε - you will be tying θα δένουν - they will be tying	θα δέσουμε, δέσομε - we will tie θα δέσετε - you will tie θα δέσουν - they will tie
Παρακείμενος **Present Perfect**	Υποτακτική Παρακειμένου **Perfect Subjunctive**
έχω δέσει - I have tied έχεις δέσει - you have tied έχει δέσει - he has tied	να έχω δέσει - that I may have tied να έχεις δέσει - that you may have tied να έχει δέσει etc. κλπ. ή
έχουμε δέσει - we have tied έχετε δέσει - you have tied έχουν δέσει - they have tied	να έχω δεμένο - that I may have tied να έχεις δεμένο etc. να έχει δεμένο.
Υπερσυντέλικος **Past Perfect**	Συντελεσμένος Μέλλοντας **Future Perfect**
είχα δέσει - I had tied είχες δέσει - you had tied είχε δέσει - he had tied	θα έχω δέσει - I shall have tied θα έχεις δέσει - you will have tied θα έχει δέσει - he will have tied
είχαμε δέσει - we had tied είχατε δέσει - you had tied είχαν δέσει - they had tied	θα έχουμε δέσει - we shall have tied θα έχετε δέσει - you will have tied θα έχουν δέσει - they will have tied

* B. ΠΡΩΤΗ ΣΥΖΥΓΙΑ - FIRST CONJUGATION
ΠΑΘΗΤΙΚΗ ΦΩΝΗ - PASSIVE VOICE

Οριστική Indicative	Υποτακτική Subjunctive (να, όταν, για να)	Προστακτική Imperative	Απαρέμ. φατο
Ενεστώτας **Present**			

δένομαι - I am tied,
    I am being tied
δένεσαι - you are tied
δένεται - he is tied
 	
δενόμαστε - we are tied
δένεστε - you are tied
δένονται - they are tied
	δένομαι - that I may
	    be tied
	δένεσαι - etc.
	δένεται
	
	δενόμαστε
	δένεστε
	δένονται		

Παρατατικός **P. Continuous**			
δενόμουν - I was being tied δενόσουν - you were being tied δενόταν - he was being tied δενόμαστε - we were being tied δενόμαστε - you were being tied δένονταν - they were being tied			
Αόριστος **Past Simple**			
δέθηκα - I was tied δέθηκες - you were tied δέθηκε - he was tied δεθήκαμε - we were tied δεθήκατε - you were tied δέθηκαν - they were tied	δεθώ - that I may δεθείς be tied δεθεί etc. δεθούμε δεθείτε δεθούν	δέσου tie yourself δεθείτε tie yourselves	δεθεί to be tied

Εξακολουθητικός Μέλλοντας **Future Continuous**	Στιγμιαίος Μέλλοντας **Future Simple**
θα δένομαι - I shall be tied θα δένεσαι - you will be tied θα δένεται etc. θα δενόμαστε θα δένεστε θα δένονται	θα δεθώ - I shall be tied θα δεθείς - you will be tied θα δεθεί etc. θα δεθούμε θα δεθείτε θα δεθούν

Παρακείμενος **Present Perfect**	Υποτακτική Παρακειμένου **Perfect Subjunctive**
έχω δεθεί - I have been tied έχεις δεθεί - you have been tied έχει δεθεί etc. έχουμε δεθεί έχετε δεθεί έχουν δεθεί	να έχω δεθεί - that I may have been tied να έχεις δεθεί etc. να έχει δεθεί να είμαι δεμένος να είσαι δεμένος κλπ.
Υπερσυντέλικος **Past Perfect**	Συντελεσμένος Μέλλοντας **Future Perfect**
είχα δεθεί - I had been tied είχες δεθεί - you had been tied είχε δεθεί - he had been tied είχαμε δεθεί - we had been tied είχατε δεθεί - you had been tied είχαν δεθεί - they had been tied	θα έχω δεθεί - I shall have been tied θα έχεις δεθεί etc. θα έχει δεθεί θα έχουμε δεθεί θα έχετε δεθεί θα έχουν δεθεί

C. ΠΡΩΤΗ ΣΥΖΥΓΙΑ - (Group 1) - FIRST CONJUGATION
Ενεργητική Φωνή - Active voice

(Ρήματα με χαρακτήρα π,β,φ, έχουν στον αόριστο **ψ**. Verbs with character π,β,φ, in the past simple tense have **ψ**)

Οριστική **Indicative**	**Subjunctive**	**Imperative**	**Inf.**	**Participle**
Ενεστώτας **Present**				
κρύβω - I hide κρύβεις - you hide κρύβει - he hides κρύβ-ουμε, -ομε - we hide κρύβετε - you hide κρύβουν - they hide	κρύβω - that I may κρύβεις - be hiding κρύβει κρύβουμε κρύβετε κρύβουν	κρύβε - be hiding κρύβετε-be hiding (not common)		κρύβοντας hiding
Παρατατικός **Past Continuous**				

έκρυβα, έκρυβες, έκρυβε, κρύβαμε, κρύβατε,   έκρυβαν
I was hiding, you were hiding etc.

*Αόριστος Past Simple	Υποτακτική Subjunctive	Προστακτική Imperative	Απαρέμ. φατο
έκρυψα - I hid έκρυψες - you hid έκρυψε - he hid	κρύψω - that I may κρύψεις hide κρύψει etc.	κρύψε - hide	
			κρύψει to hide
κρύψαμε - we hid κρύψατε - you hid έκρυψαν - they hid	κρύψουμε κρύψετε κρύψουν	κρύψετε - hide	

Εξακολουθητικός Μέλ. Future Cont.	Στιγμιαίος Μέλλοντας Future Simple
θα κρύβω - I shall be hiding θα κρύβεις - θα κρύβει etc. κλπ.	θα κρύψω - I shall hide θα κρύψεις - you will hide θα κρύψει etc. κλπ.

Παρακείμενος Present Perfect	Υποτακτική Παρακειμένου Perfect Subjunctive
έχω κρύψει - I have hidden έχεις κρύψει - you have hidden έχει κρύψει - he has hidden etc.	να έχω κρύψει - that I may have να έχεις κρύψει hidden κλπ. ή να έχω κρυμμένο-that I may have hidden να έχεις κρυμμένο κλπ. etc.

Υπερσυντέλικος Past Perfect	Συντελεσμένος Μέλλοντας Future Perfect
είχα κρύψει - I had hidden είχες κρύψει - you had hidden κλπ. etc.	θα έχω κρύψει - I shall have hidden θα έχεις κρύψει etc.

Παθητική Φωνή - Passive Voice

Οριστική Indicative	Υποτακτική Subjunctive	
Ενεστώτας **Present**		
κρύβομαι - I hide myself κρύβεσαι <u>or</u> I am hidden κρύβεται etc.	κρύβομαι κρύβεσαι κρύβεται	
κρυβόμαστε κρύβεστε κρύβονται	κρυβόμαστε κρύβεστε κρύβονται	

Παρατατικός
Past Continuous

κρυβόμουν - I was hiding
κρυβόσουν, κρυβόταν, κρυβόμαστε, κρυβόσαστε, κρύβονταν

Αόριστος
Past Simple

κρύφτηκα - I hid myself κρύφτηκες <u>or</u> I was κρύφτηκε hidden etc.	κρυφτώ - that I may κρυφτείς hide my κρυφτεί self etc.	κρύψου hide yourself
κρυφτήκαμε κρυφτήκατε κρύφτηκαν	κρυφτούμε κρυφτείτε κρυφτούν	κρυφτείτε hide yourselves

Εξακολ. Μέλλοντας **Future Cont.**	Στιγμιαίος Μέλλοντας **Future Simple**	
θα κρύβομαι - I shall be θα κρύβεσαι hiding myself κλπ. etc.	θα κρυφτώ - I shall be hiding myself θα κρυφτείς etc. κλπ.	

Παρακείμενος **Perfect**	Υποτακτική **Subjunctive**	Μετοχή **Participle**
έχω κρυφτεί - I have hidden έχεις κρυφτεί myself κλπ. <u>ή</u> είμαι κρυμμένος	να έχω κρυφτεί - that I να έχεις κρυφτεί may have hidden myself etc.	κρυμμέν-ος, η, ο hidden

Υπερσυντέλικος Past Perfect	Συντελεσμένος Μέλλοντας Future Perfect
είχα κρυφτεί - I had hidden είχες κρυφτεί myself etc. κλπ. <u>ή or</u> ήμουν κρυμμένος κτλ.	θα έχω κρυφτεί - I shall have hidden θα έχεις κρυφτεί myself etc. κτλ. <u>ή</u> θα είμαι κρυμμένος κτλ.

E. ΠΡΩΤΗ ΣΥΖΥΓΙΑ - (Group 1) - FIRST CONJUGATION
ΕΝΕΡΓΗΤΙΚΗ ΦΩΝΗ - ACTIVE VOICE

(Ρήματα με χαρακτήρα <u>κ, γ, χ</u> στον αόριστο έχουν ξ. Verbs with a <u>κ, γ, χ</u> character in the past simple tense have ξ)

Οριστική Indicative	Υποτακτική Subjunctive	Προστακτική Imperative	Μετοχή Participle
Ενεστώτας **Present**			
τρέχω - I run τρέχεις - you run τρέχει - he runs	τρέχω - that I may τρέχεις run τρέχει	τρέχε-be running	τρέχοντας running
τρέχ-ουμε, -ομε, -we run τρέχετε - you run τρέχουν - they run	τρέχ-ουμε, -ομε τρέχετε τρέχουν	τρέχετε - be running	

Παρατατικός
Past Continuous

έτρεχα · *I was running*

έτρεχες, έτρεχε   τρέχαμε, τρέχατε,   έτρεχαν

Αόριστος **Past Simple**			
έτρεξα - I ran έτρεξες - you ran έτρεξε - he ran	τρέξω - that I may τρέξεις run τρέξει etc.	τρέξε - run	Απαρέμ- Infinitive τρέξει
τρέξαμε - we ran τρέξατε - you ran έτρεξαν - they ran	τρέξ-ουμε, ομε τρέξετε τρέξουν	τρέξετε run	

Εξακολ. Μέλλοντας Future Continuous	Στιγμιαίος Μέλλοντας Future Simple
θα τρέχω - I shall be running θα τρέχεις - you will be running κτλ. etc.	θα τρέξω - I shall run θα τρέξεις - you will run κτλ. etc.

* Παρακείμενος Present Perfect	Υποτακτική Subjunctive
έχω τρέξει - I have run έχεις τρέξει - you have run κτλ. etc.	να έχω τρέξει - that I may have run να έχεις τρέξει - that you may have run κτλ. etc.
Υπερσυντέλικος Past Perfect	Συντελεσμένος Μέλλοντας Future Perfect
είχα τρέξει - I had run είχες τρέξει - you had run κτλ.	θα έχω τρέξει - I shall have run θα έχεις τρέξει - you will have run κτλ. etc.

F. ΠΡΩΤΗ ΣΥΖΥΓΙΑ - (Group 1) - FIRST CONJUGATION
ΠΑΘΗΤΙΚΗ ΦΩΝΗ - PASSIVE VOICE of the verb ανοίγω - ανοίγομαι
(Character γ)

Οριστική Indicative	Υποτακτική	
Ενεστώτας Present		
ανοίγομαι - I am opened ανοίγεσαι - you are opened ανοίγεται - he is opened	ανοίγομαι ανοίγεσαι κτλ.	
ανοιγόμαστε - we are opened ανοίγεστε - you are opened ανοίγονται - they are opened		
Παρατατικός Past Continuous		
ανοιγόμουν - I was being opened ανοιγόσουν, ανοιγόταν ανοιγόμαστε, ανοιγόσαστε, ανοίγονταν		
Αόριστος Past Simple		**Προστακτική Imperative**
ανοίχθηκα - I was opened ανοίχθηκες - you were opened ανοίχθηκε - he was opened	ανοιχθώ ανοιχθείς ανοιχθεί	ανοίξου open yourself
ανοιχθήκαμε - we were opened ανοιχθήκατε - you were opened ανοίχθηκαν - they were opened	ανοιχθούμε ανοιχθείτε ανοιχθούν	ανοιχθείτε open yourselves

Εξακολ. Μέλλοντας Future Cont.	Στιγμιαίος Μέλλοντας Future Simple
θα ανοίγομαι - I shall be opened θα ανοίγεσαι κτλ.	θα ανοιχθώ - I shall be opened θα ανοιχθείς etc. κτλ.
Παρακείμενος **Present Perfect**	**Υποτακτική** **Subjunctive**
έχω ανοιχθεί - I have been έχεις ανοιχθεί opened κτλ. etc.	να έχω ανοιχθεί να έχεις ανοιχθεί κτλ.
Υπερσυντέλικος **Past Perfect**	**Συντελεσμένος Μέλλοντας** **Future Perfect**

είχα ανοιχθεί - I had been opened
είχες ανοιχθεί
        etc.
	θα έχω ανοιχθεί - I shall have been
	θα έχεις ανοιχθεί opened
	        etc.

G. ΠΡΩΤΗ ΣΥΖΥΓΙΑ - (Group 1) - FIRST CONJUGATION
ΕΝΕΡΓΗΤΙΚΗ ΦΩΝΗ - ACTIVE VOICE

(Ρήματα που τελειώνουν σε -ζω στον αόριστο έχουν -σα.)
(Verbs ending in -ζω in the past simple tense have -σα)

Οριστική Indicative	Υποτακτική Subjunctive	Imperative	Μετοχή Part.
Ενεστώτας **Present**			
νομίζω - I think νομίζεις - you think νομίζει etc.	νομίζω - that I may νομίζεις νομίζει think	 νόμιζε be thinking	 νομίζοντας
νομίζ-ουμε, -ομε νομίζετε νομίζουν	νομίζ-ουμε, -ομε νομίζετε νομίζουν	 νομίζετε be thinking	 thinking
Παρατατικός **Past Cont.**	νόμιζα - I was thinking νόμιζες, νόμιζε νομίζαμε, νομίζατε, νόμιζαν		

‡ Αόριστος Past Simple			Απαρέμ. Infinitive
νόμισα - I thought νόμισες - you thought νόμισε etc. νομίσαμε νομίσατε νόμισαν	νομίσω - that I may νομίσεις think νομίσει νομίσουμε νομίσετε νομίσουν	νόμισε think νομίσετε think	νομίσει to think

Εξακολ. Μέλλοντας Future Cont.	Στιγμιαίος Μέλλοντας Future Simple
θα νομίζω - I shall be thinking θα νομίζεις etc. κτλ.	θα νομίσω - I shall think θα νομίσεις etc. κτλ.

Παρακείμενος Present Perfect	Υποτακτική Subjunctive
έχω νομίσει - I have thought έχεις νομίσει etc. κτλ.	να έχω νομίσει - that I may have να έχεις νομίσει thought etc.

Υπερσυντέλικος Past Perfect	Συντελεσμένος Μέλλοντας Future Perfect
είχα νομίσει - I had thought είχες νομίσει κτλ.	θα έχω νομίσει - I shall have θα έχεις νομίσει thought κτλ.

* Η. ΠΡΩΤΗ ΣΥΖΥΓΙΑ - (Group 1) - FIRST CONJUGATION
ΠΑΘΗΤΙΚΗ ΦΩΝΗ - PASSIVE VOICE

Conjugation of the verb «δοξάζομαι» passive of «δοξάζω»

Οριστική Indicative	Υποτακτική Subjunctive	Προστακτική Imperative

Ενεστώτας
Present

δοξάζομαι-I am glorified	δοξάζομαι
δοξάζεσαι-you are glorified	δοξάζεσαι
δοξάζεται - he is glorified	δοξάζεται
	κτλ.

δοξαζόμαστε-we are glorified
δοξάζεστε - you are glorified
δοξάζονται-they are glorified

Παρατατικός
Past Continuous

δοξαζόμουν - I was being glorified
δοξαζόσουν, δοξαζόταν, δοξαζόμαστε, δοξαζόσαστε, δοξάζονταν

Αόριστος
P. Simple

Indicative	Subjunctive	Imperative
δοξάστηκα - I was glorified	δοξαστώ	
δοξάστηκες - you were	δοξαστείς	δοξάσου -
δοξάστηκε glorified	δοξαστεί	be glorified
δοξαστήκαμε	δοξαστούμε	
δοξαστήκατε	δοξαστείτε	δοξασθείτε - be
δοξάστηκαν	δοξαστούν	glorified

Εξακολ. Μέλλοντας Future Cont.	Μέλλοντας Στιγμιαίος Future Simple
θα δοξάζομαι - I shall be glorified θα δοξάζεσαι θα δοξάζεται κτλ.	θα δοξαστώ - I shall be glorified θα δοξαστείς κτλ.

Παρακείμενος Present Perfect	Υποτακτική Subjunctive
έχω δοξαστεί - I have been glorified έχεις δοξαστεί κτλ. etc.	να έχω δοξαστεί - that I may have να έχεις δοξαστεί been glorified κτλ. etc.
Υπερσυντέλικος Past Perfect	Συντελεσμένος Μέλλοντας Future Perfect
είχα δοξαστεί - I had been glorified είχες δοξαστεί etc. κτλ. etc.	θα έχω δοξαστεί - I shall have been θα έχει δοξαστεί glorified κτλ. etc.

I. ΔΕΥΤΕΡΗ ΣΥΖΥΓΙΑ - (Group 2) - SECOND CONJUGATION
Ενεργητική Φωνή - Active Voice

Οριστική Indicative	Υποτακτική Subjunctive	Προστακτική Imperative	Μετοχή Participle
Ενεστώτας **Present**			
αγαπώ - I love αγαπάς - you love αγαπά - αγαπάει - he loves αγαπούμε-αγαπάμε-we love αγαπάτε - you love αγαπούν-αγαπάνε-they love	αγαπώ-that I may αγαπάς love αγαπά	αγάπα - love αγαπάτε - love	αγαπώντας loving
Παρατατικός **Past Continuous**	αγαπούσα - I was loving αγαπούσες, αγαπούσε	αγαπούσαμε, αγαπούσατε, αγαπούσαν	
Αόριστος **Past Simple**			**Απαρέμ.** **Infinitive**
αγάπησα - I loved αγάπησες - you loved αγάπησε - he loved αγαπήσαμε - we loved αγαπήσατε - you loved αγάπησαν - they loved	αγαπήσω - that I may αγαπήσεις love αγαπήσει αγαπήσουμε αγαπήσετε αγαπήσουν	αγάπησε love αγαπήστε love	αγαπήσει to love

*Εξακολ. Μέλλοντας Future Continuous	Στιγμιαίος Μέλλοντας Future Simple
θα αγαπώ - I shall be loving θα αγαπάς - you will be loving θα αγαπά etc. κτλ.	θα αγαπήσω - I shall love θα αγαπήσεις - you will love θα αγαπήσει etc. κτλ.
Παρακείμενος **Present Perfect**	**Υποτακτική Παρακειμένου** **Subjunctive**
έχω αγαπήσει - I have loved έχεις αγαπήσει έχει αγαπήσει κτλ.	να έχω αγαπήσει να έχεις αγαπήσει κτλ.
Υπερσυντέλικος **Past Perfect**	**Συντελεσμένος Μέλλοντας** **Future Perfect**
είχα αγαπήσει - I had loved είχες αγαπήσει etc. κτλ.	θα έχω αγαπήσει - I shall have loved θα έχεις αγαπήσει etc. κτλ.

J. ΔΕΥΤΕΡΗ ΣΥΖΥΓΙΑ - (Group 2) - SECOND CONJUGATION
Παθητική Φωνή - Passive Voice

Οριστική Indicative	Υποτακτική Subjunctive	
Ενεστώτας **Present**		
αγαπιέμαι - I am loved, I αγαπιέσαι am being αγαπιέται loved etc. αγαπιόμαστε αγαπιέστε αγαπιούνται	αγαπιέμαι - that I may be αγαπιέσαι loved αγαπιέται αγαπιόμαστε αγαπιέστε αγαπιούνται	

Παρατατικός
Past Continuous

αγαπιόμουν - I was being loved
αγαπιόσουν, αγαπιόταν, αγαπιόμαστε, αγαπιόσαστε, αγαπιόνταν

* Αόριστος Past Simple		Προστακτική Imperative	Απαρέμ. Infinitive
αγαπήθηκα - I was loved αγαπήθηκες - you were loved αγαπήθηκε etc.	αγαπηθώ - that I αγαπηθείς may be αγαπηθεί loved	αγαπήσου be loved	αγαπηθεί to be loved
αγαπηθήκαμε αγαπηθήκατε αγαπήθηκαν	αγαπηθούμε αγαπηθείτε αγαπηθούν	αγαπηθείτε be loved	

Εξακολ. Μέλλοντας Future Cont.	Στιγμιαίος Μέλλοντας Future Simple
θα αγαπιέμαι - I shall be loved θα αγαπιέσαι κτλ.	θα αγαπηθώ - I shall be loved θα αγαπηθείς κτλ.

Παρακείμενος Present Perfect	Υποτακτική Subjunctive	Μετοχή Participle
έχω αγαπηθεί - I have been έχεις αγαπηθεί loved κτλ. etc.	να έχω αγαπηθεί να έχεις αγαπηθεί κτλ. that I may have been loved, etc.	αγαπημένος loved

Υπερσυντέλικος Past Perfect	Συντελεσμένος Μέλλοντας Future Perfect
είχα αγαπηθεί - I had been loved είχες αγαπηθεί κτλ.	θα έχω αγαπηθεί - I shall have been loved θα έχεις αγαπηθεί κτλ.

* K. ΤΡΙΤΗ ΣΥΖΥΓΙΑ - (Group 3) THIRD CONJUGATION
Ενεργητική Φωνή - Active Voice

Οριστική Indicative	Υποτακτική Subjunctive	Προστακτική Imperative	Μετοχή Participle
Ενεστώτας **Present**			
οδηγώ - I lead οδηγείς - you lead οδηγεί etc. οδηγούμε οδηγείτε οδηγούν	οδηγώ - I lead οδηγείς κτλ.	οδήγει be leading οδηγείτε be leading	οδηγώντας leading

Παρατατικός
Past Continuous

οδηγούσα - I was leading
οδηγούσες, οδηγούσε   οδηγούσαμε, οδηγούσατε, οδηγούσαν

Αόριστος **Past Simple**			**Απαρέμφατο** **Infinitive**
οδήγησα - I lead οδήγησες - you lead οδήγησε etc. οδηγήσαμε οδηγήσατε οδήγησαν	οδηγήσω - that I οδηγήσεις may οδηγήσει lead κτλ. οδηγείστε lead	οδήγησε lead	οδηγήσει to lead

Εξακολ. Μέλλοντας
Future Cont.

Στιγμιαίος Μέλλοντας
Future Simple

θα οδηγώ - I shall be
θα οδηγείς   leading
κτλ.   etc.

θα οδηγήσω - I shall lead
θα οδηγήσεις   etc.

Παρακείμενος Present Perfect	Υπερσυντέλικος Past Perfect
έχω οδηγήσει - I have lead έχεις οδηγήσει etc. κτλ.	είχα οδηγήσει - I had lead κτλ. etc.

Συντελεσμένος Μέλλοντας
Future Perfect

θα έχω οδηγήσει - I shall have lead

L. Ρήματα που τελειώνουν σε -ούμαι
Verbs ending in -ούμαι

Ενεστώτας Present	Παρατατικός Past Continuous
κοιμούμαι* - I sleep, I am sleeping κοιμάσαι - you sleep κοιμάται - he sleeps	κοιμόμουν - I was sleeping κοιμόσουν - you were sleeping κοιμόταν etc.
κοιμούμαστε - we sleep κοιμάστε - you sleep κοιμούνται - they sleep * και (also) κοιμάμαι	κοιμόμαστε κοιμόσαστε κοιμόνταν * * * * και (also) κοιμούνταν

Αόριστος	κοιμήθηκα - I slept	Past Simple
Εξακ. Μέλ.	θα κοιμούμαι - I shall be sleeping	Future Cont.
Στιγ. Μέλ.	θα κοιμηθώ - I shall sleep	Future Simple
Παρακ.	έχω κοιμηθεί - I have slept	Present Perfect
Υπερ.	είχα κοιμηθεί - I had slept	Past Perfect
Συν. Μέλ.	θα έχω κοιμηθεί - I shall have slept	Future Perfect

Άλλα ρήματα που κλίνονται σαν   Verbs conjugated as
το **φοβούμαι** είναι:

δικαιολογούμαι	- I find an excuse
θυμούμαι	- I remember
κατηγορούμαι	- I am accused
λυπούμαι	- I am sorrowful, I am sorry
πληροφορούμαι	- I am informed
στενοχωρούμαι	- I am distressed

* M. ΑΠΟΘΕΤΙΚΑ   ΡΗΜΑΤΑ ΠΟΥ ΤΕΛΕΙΩΝΟΥΝ ΣΕ -μαι
DEPONENT VERBS ENDING in -μαι

Μερικά ρήματα τελειώνουν σε **-μαι** και έχουν μόνο παθητική φωνή αλλά με ενεργητική σημασία. Τα ρήματα αυτά λέγονται **αποθετικά.**

Some verbs have only passive voice with an active meaning. They are called **deponent verbs.**

Κλίση του αποθετικού   ρήματος «κάθομαι»
Conjugation of the deponent verb «κάθομαι»

Ενεστώτας Present	Παρατατικός Past Continuous
κάθομαι - I sit, I am sitting κάθεσαι κάθεται etc.	καθόμουν - I was sitting καθόσουν etc. καθόταν
καθόμαστε κάθεστε κάθονται	καθόμαστε καθόσαστε κάθονταν

Αόριστος Past Simple	Προστακτική Imperative
κάθισα - I sat κάθισες - you sat κάθισε etc.	κάθισε - sit
καθίσαμε καθίσατε κάθισαν	καθίστε - sit

Εξακ. Μέλλοντας Future Continuous	Στιγμ. Μέλλοντας Future Simple
θα κάθομαι - I shall be sitting θα κάθεσαι etc. κτλ.	θα καθίσω - I shall sit θα καθίσεις etc.

*Παρακείμενος **Present Perfect**	Υπερσυντέλικος **Past Perfect**
έχω καθίσει - I have έχεις καθίσει sat κτλ.	είχα καθίσει - I had sat είχες καθίσει κτλ.

Συντελεσμένος Μέλλοντας **Future Perfect**	
θα έχω καθίσει - I shall have sat θα έχεις καθίσει κτλ.	

Ρήματα που κλίνονται σαν το **κάθομαι** είναι:

Verbs conjugated as **«κάθομαι»** are:

έρχομαι - I come
φαίνομαι - I seem, I look

41. Ανακεφαλαίωση των χρόνων - Recapitulation of tenses

1. Ενεστώτας	Ε*	- Present Tense
2. Παρατατικός	Π.	- Past Continuous, Imperfect
3. Αόριστος	Α.	- Past Simple
4. Εξακολουθητικός Μέλλοντας	Ε.Μ.	- Future Continuous
5. Στιγμιαίος Μέλλοντας	Σ.Μ.	- Future Simple
6. Παρακείμενος	Πκ.	- Present Perfect
7. Υπερσυντέλικος	Υ.	- Past Perfect
8. Συντελεσμένος Μέλλοντας	Σ.Μ.	- Future Perfect

* Συντομογραφία - Abbreviated

Οι χρόνοι μερικών ρημάτων της Α΄ συζυγίας *

Ε.	αγοράζω	- I buy
Π.	αγόραζα	- I was buying
Α.	αγόρασα	- I bought
Ε.Μ.	θα αγοράζω	- I shall be buying
Σ.Μ.	θα αγοράσω	- I shall buy
Πκ.	έχω αγοράσει	- I have bought
Υ.	είχα αγοράσει	- I had bought
Σ.Μ.	θα έχω αγοράσει	- I shall have bought

ακούω - I hear, I listen
άκουα, άκουσα, θα ακούω, θα ακούσω, έχω ακούσει, είχα ακούσει, θα έχω ακούσει

ανάβω - I light
άναβα, άναψα, θα ανάβω, θα ανάψω, έχω ανάψει, είχα ανάψει, θα έχω ανάψει

ανεβαίνω - I go up, I ascend
ανέβαινα, ανέβηκα, θα ανεβαίνω, θα ανεβώ, έχω ανεβεί, είχα ανεβεί, θα έχω ανεβεί

ανοίγω - I open
άνοιγα, άνοιξα, θα ανοίγω, θα ανοίξω, έχω ανοίξει, είχα ανοίξει, θα έχω ανοίξει

αρχίζω - I begin
άρχιζα, άρχισα, θα αρχίζω, θα αρχίσω, έχω αρχίσει, είχα αρχίσει, θα έχω αρχίσει

αφήνω - I leave
άφηνα, άφησα, θα αφήνω, θα αφήσω, έχω αφήσει, είχα αφήσει, θα έχω αφήσει

βάζω - I put
έβαζα, έβαλα, θα βάζω, θα βάλω, έχω βάλει, είχα βάλει, θα έχω βάλει

βγάζω - I take off, I take out
έβγαζα, έβγαλα, θα βγάζω, θα βγάλω, έχω βγάλει, είχα βγάλει, θα έχω βγάλει

βλέπω - I see
έβλεπα, είδα, θα βλέπω, θα δώ, έχω δει, είχα δει, θα έχω δει

γνωρίζω - I know   *
γνώριζα, γνώρισα, θα γνωρίζω, θα γνωρίσω, έχω γνωρίσει, είχα γνωρίσει,
θα έχω γνωρίσει

γράφω - I write
έγραφα, έγραψα, θα γράφω, θα γράψω, έχω γράψει, είχα γράψει, θα έχω
γράψει

γυρίζω - I turn, I return
γύριζα, γύρισα, θα γυρίζω, θα γυρίσω, έχω γυρίσει, είχα γυρίσει, θα έχω
γυρίσει

δείχνω - I show
έδειχνα, έδειξα, θα δείχνω, θα δείξω, έχω δείξει, είχα δείξει, θα έχω
δείξει

διαβάζω - I read
διάβαζα, διάβασα, θα διαβάζω, θα διαβάσω, έχω διαβάσει, είχα διαβάσει,
θα έχω διαβάσει

διδάσκω - I teach
δίδασκα, δίδαξα, θα διδάσκω, θα διδάξω, έχω διδάξει, είχα διδάξει, θα
έχω διδάξει

δίνω - I give
έδινα, έδωσα, θα δίνω, θα δώσω, έχω δώσει, είχα δώσει, θα έχω δώσει

δουλεύω - I work
δούλευα, δούλεψα, θα δουλεύω, θα δουλέψω, έχω δουλέψει, είχα
δουλέψει, θα έχω δουλέψει

δυναμώνω - I become strong
δυνάμωνα, δυνάμωσα, θα δυναμώνω, θα δυναμώσω, έχω δυναμώσει, είχα
δυναμώσει, θα έχω δυναμώσει

ελπίζω - I hope
έλπιζα, έλπισα, θα ελπίζω, θα ελπίσω, έχω ελπίσει, είχα ελπίσει, θα έχω
ελπίσει

ζηλεύω - I am jealous
ζήλευα, ζήλεψα, θα ζηλεύω, θα ζηλέψω, έχω ζηλέψει, είχα ζηλέψει, θα
έχω ζηλέψει

θέλω - I want
ήθελα, θέλησα, θα θέλω, θα θελήσω, έχω θελήσει, είχα θελήσει, θα έχω
θελήσει

καίω - I burn *
έκαια, έκαψα, θα καίω, θα κάψω, έχω κάψει, είχα κάψει,θα έχω κάψει

καταλαβαίνω - I understand
καταλάβαινα, κατάλαβα, θα καταλαβαίνω, θα καταλάβω, έχω καταλάβει, είχα καταλάβει, θα έχω καταλάβει

κατεβάζω - I bring down, I lower
κατέβαζα, κατέβασα, θα κατεβάζω, θα κατεβάσω, έχω κατεβάσει, είχα κατεβάσει, θα έχω κατεβάσει

κατεβαίνω - I come down, I descend
κατέβαινα, κατέβηκα, θα κατεβαίνω, θα κατεβώ, έχω κατεβεί, είχα κατεβεί, θα έχω κατεβεί

κερδίζω - I earn, I gain, I win
κέρδιζα, κέρδισα, θα κερδίζω, θα κερδίσω, έχω κερδίσει, είχα κερδίσει, θα έχω κερδίσει

κλαίω - I weep
έκλαια, έκλαψα, θα κλαίω, θα κλάψω, έχω κλάψει, είχα κλάψει, θα έχω κλάψει

κλείω (κλείνω) - I shut, I close
έκλεια* (έκλεινα), έκλεισα, θα κλείω (θα κλείνω), θα κλείσω, έχω κλείσει, είχα κλείσει, θα έχω κλείσει

κόβω - I cut
έκοβα, έκοψα, θα κόβω, θα κόψω, έχω κόψει, είχα κόψει, θα έχω κόψει

κοιτάζω - I look
κοίταζα, κοίταξα, θα κοιτάζω, θα κοιτάξω, έχω κοιτάξει, είχα κοιτάξει, θα έχω κοιτάξει

κρύβω - I hide
έκρυβα, έκρυψα, θα κρύβω, θα κρύψω, έχω κρύψει, είχα κρύψει, θα έχω κρύψει

κρυώνω - I am cold
κρύωνα, κρύωσα, θα κρυώνω, θα κρυώσω, έχω κρυώσει, είχα κρυώσει, θα έχω κρυώσει

λάμπω - I shine
έλαμπα, έλαμψα, θα λάμπω, θα λάμψω, έχω λάμψει, είχα λάμψει, θα έχω λάμψει

λέγω - λέω - I say, I tell *
έλεγα, είπα, θα λέω, θα πώ, έχω πεί, είχα πεί, θα έχω πεί

μαθαίνω - I learn
μάθαινα, έμαθα, θα μαθαίνω, θα μάθω, έχω μάθει, είχα μάθει, θα έχω μάθει

μαλώνω - I quarrel
μάλωνα, μάλωσα, θα μαλώνω, θα μαλώσω, έχω μαλώσει, είχα μαλώσει, θα έχω μαλώσει

μεγαλώνω - I grow up, I become big
μεγάλωνα, μεγάλωσα, θα μεγαλώνω, θα μεγαλώσω, έχω μεγαλώσει, είχα μεγαλώσει, θα έχω μεγαλώσει

μένω - I stay, I remain
έμενα, έμεινα, θα μένω, θα μείνω, έχω μείνει, είχα μείνει, θα έχω μείνει

μπαίνω - I enter
έμπαινα, μπήκα, θα μπαίνω, θα μπώ, έχω μπεί, είχα μπεί, θα έχω μπεί

νομίζω - I think
νόμιζα, νόμισα, θα νομίζω, θα νομίσω, έχω νομίσει, είχα νομίσει, θα έχω νομίσει

ξαναγυρίζω - I return, I come back
ξαναγύριζα, ξαναγύρισα, θα ξαναγυρίζω, θα ξαναγυρίσω, έχω ξαναγυρίσει, είχα ξαναγυρίσει, θα έχω ξαναγυρίσει

ξαπλώνω - I lie down
ξάπλωνα, ξάπλωσα, θα ξαπλώνω, θα ξαπλώσω, έχω ξαπλώσει, είχα ξαπλώσει, θα έχω ξαπλώσει

ξέρω - I know
ήξερα, ήξερα, θα ξέρω (no other tenses)

παίζω - I play
έπαιζα, έπαιξα, θα παίζω, θα παίξω, έχω παίξει, είχα παίξει, θα έχω παίξει

παίρνω - I take, I receive
έπαιρνα, πήρα, θα παίρνω, θα πάρω, έχω πάρει, είχα πάρει, θα έχω πάρει

πηγαίνω - I go
πήγαινα, πήγα, θα πηγαίνω, θα πάω, έχω πάει, είχα πάει, θα έχω πάει

πίνω - I drink *
έπινα, ήπια, θα πίνω, θα πιώ, έχω πιεί, είχα πιεί, θα έχω πιεί

πιστεύω - I believe
πίστευα, πίστεψα, θα πιστεύω, θα πιστέψω, έχω πιστέψει, είχα πιστέψει, θα έχω πιστέψει

ρίχνω - I throw
έριχνα, έριξα, θα ρίχνω, θα ρίξω, έχω ρίξει, είχα ρίξει, θα έχω ρίξει

τελειώνω - I finish
τέλειωνα, τέλειωσα, θα τελειώνω, θα τελειώσω, έχω τελειώσει, είχα τελειώσει, θα έχω τελειώσει

τρέχω - I run
έτρεχα, έτρεξα, θα τρέχω, θα τρέξω, έχω τρέξει, είχα τρέξει, θα έχω τρέξει

τρώγω - I eat
έτρωγα, έφαγα, θα τρώγω, θα φάγω (φάω), έχω φάγει (φάει), είχα φάγει (φάει), θα έχω φάγει (φάει)

φέρνω - I bring
έφερνα, έφερα, θα φέρνω, θα φέρω, έχω φέρει, είχα φέρει, θα έχω φέρει

φεύγω - I leave, I go away
έφευγα, έφυγα, θα φεύγω, θα φύγω, έχω φύγει, είχα φύγει, θα έχω φύγει

φροντίζω - I take care
φρόντιζα, φρόντισα, θα φροντίζω, θα φροντίσω, έχω φροντίσει, είχα φροντίσει, θα έχω φροντίσει

φτάνω - I arrive, I reach
έφτανα, έφτασα, θα φτάνω, θα φτάσω, έχω φτάσει, είχα φτάσει, θα έχω φτάσει

φυλάγω - I keep
φύλαγα, φύλαξα, θα φυλάγω, θα φυλάξω, έχω φυλάξει, είχα φυλάξει, θα έχω φυλάξει

φωνάζω - I shout, I cry
φώναζα, φώναξα, θα φωνάζω, θα φωνάξω, έχω φωνάξει, είχα φωνάξει, θα έχω φωνάξει

χάνω - I lose *

έχανα, έχασα, θα χάνω, θα χάσω, έχω χάσει, είχα χάσει, θα έχω χάσει

χορταίνω - I am filled, I am satiated

χόρταινα, χόρτασα, θα χορταίνω, θα χορτάσω, έχω χορτάσει, είχα χορτάσει, θα έχω χορτάσει

Ρήματα δεύτερης συζυγίας (2) - Verbs of the Second Conjugation

αγαπώ - I love

αγαπούσα, αγάπησα, θα αγαπώ, θα αγαπήσω, έχω αγαπήσει, είχα αγαπήσει, θα έχω αγαπήσει

διψώ - I am thirsty

διψούσα, δίψασα, θα διψώ, θα διψάσω, έχω διψάσει, είχα διψάσει, θα έχω διψάσει

πεινώ - I am hungry

πεινούσα, πείνασα, θα πεινώ, θα πεινάσω, έχω πεινάσει, είχα πεινάσει, θα έχω πεινάσει

περπατώ - I walk

περπατούσα, περπάτησα, θα περπατώ, θα περπατήσω, έχω περπατήσει, είχα περπατήσει, θα έχω περπατήσει

πηδώ - I jump

πηδούσα, πήδησα, θα πηδώ, θα πηδήσω, έχω πηδήσει, είχα πηδήσει, θα έχω πηδήσει

χτυπώ - I hit, I knock

χτυπούσα, χτύπησα, θα χτυπώ, θα χτυπήσω, έχω χτυπήσει, είχα χτυπήσει, θα έχω χτυπήσει

Ρήματα τρίτης συζυγίας (3) - Verbs of the Third Conjugation

ζω - I live

ζούσα, έζησα, θα ζω, θα ζήσω, έχω ζήσει, είχα ζήσει, θα έχω ζήσει

μπορώ - I can, I may, I am able

μπορούσα, μπόρεσα, θα μπορώ, θα μπορέσω, έχω μπορέσει, είχα μπορέσει, θα έχω μπορέσει

οδηγώ - I lead, I guide

οδηγούσα, οδήγησα, θα οδηγώ, θα οδηγήσω, έχω οδηγήσει, είχα οδηγήσει, θα έχω οδηγήσει

42. ΕΠΙΘΕΤΑ

Επίθετα είναι λέξεις που φανερώνουν τι λογής είναι το ουσιαστικό, με άλλα λόγια περιγράφουν (describe) ένα ουσιαστικό. Π.χ.

το **ψηλό** δένδρο   η **γενναία** μητέρα
το **χαμηλό** σπίτι   ο **ανδρείος** στρατιώτης
ο **καθαρός** ουρανός   το **έξυπνο** παιδί

Οι λέξεις **ψηλό, χαμηλό, καθαρός, γενναία, ανδρείος, έξυπνο** είναι επίθετα γιατί μας λένε πως είναι τα ουσιαστικά **δέντρο, σπίτι, ουρανός, μητέρα, στρατιώτης, παιδί.**

Τα επίθετα παίρνουν το γένος του ουσιαστικού που προσδιορίζουν. Αν το ουσιαστικό είναι αρσενικό τότε και το επίθετο πρέπει να είναι αρσενικό. Αν το ουσιαστικό είναι θηλυκό και το επίθετο είναι θηλυκό, αν είναι ουδέτερο και το επίθετο είναι ουδέτερο.

Π.χ.
ο καλός άνθρωπος
η καλή γυναίκα
το καλό παιδί

Τα επίθετα έχουν τρία γένη, ένα για το αρσενικό, ένα για το θηλυκό και ένα για το ουδέτερο. Κάθε γένος έχει και ξεχωριστή κατάληξη:

Καταλήξεις των επιθέτων

-ος,	-η,	-ο	καλός, καλή, καλό
-ος	-α	-ο	ωραίος, ωραία, ωραίο
-ος	-ια	-ο	γλυκός, γλυκιά, γλυκό
-υς	-ιά	-ύ	βαθύς, βαθιά, βαθύ
-ης	-ια	-ί	χρυσαφής, χρυσαφιά, χρυσαφί
-ης	-α	-ικο	ζηλιάρης, ζηλιάρα, ζηλιάρικο
-ής	-ής	-ές	συνεχής, συνεχής, συνεχές

42. ADJECTIVES

Adjectives qualify nouns. For example:

το **ψηλό** δέντρο - the tall tree

το **χαμηλό** σπίτι - the low house

ο **καθαρός** ουρανός-the clear sky

η **γενναία** μητέρα-the brave mother

ο **ανδρείος** στρατιώτης-the brave soldier

το **έξυπνο** παιδί - the clever child

The words **ψηλό, χαμηλό, καθαρός, γενναία, ανδρείος, έξυπνο** are adjectives because they describe the nouns **δέντρο, σπίτι, καθαρός, γενναία, ανδρείος, παιδί.**

Abjectives have the same gender as the noun they qualify. If the noun is of masculine gender the adjective must be also masculine, if feminine or neuter the adjective must be feminine or neuter.
Example:

ο καλός άνθρωπος - the good man (Masc.)

η καλή γυναίκα - the good woman (Fem.)

το καλό παιδί - the good child (Neut.)

Adjectives have three genders: one for the masculine, one for the feminine and one for the neuter. Each gender has its own ending.

Adjective endings

-ος,	-η,	-ο	καλός, καλή, καλό - good
-ος	-α,	-ο	ωραίος, ωραία, ωραίο - beautiful
-ος,	-ιά,	-ό	γλυκός, γλυκιά, γλυκό - sweet
-υς,	-ιά,	-ύ	βαθύς, βαθιά, βαθύ - deep
-ης,	-ιά,	-ί	χρυσαφής, χρυσαφιά, χρυσαφί - golden
-ης,	-α,	-ικο	ζηλιάρης, ζηλιάρα, ζηλιάρικο - jealous
-ής,	-ής,	-ές	συνεχής, συνεχής, συνεχές - continuous

Πώς κλίνονται τα επίθετα *
Declension of adjectives

Επίθετα που τελειώνουν σε -ος, -η, -ο
Adjectives ending in -ος, -η, -ο

Ενικός αριθμός

Ονομ.	- Nom.	ο καλός - the good	η καλή - good	το καλό-good
Γεν.	- Poss.	του καλού-of the good	της καλής	του καλού
Αιτ.	- Obj.	τον καλό - the good	την καλή	το καλό
Κλητ.	- Nom. of add.	καλέ - good	καλή	καλό

Πληθυντικός αριθμός

Ονομ.	- Nom.	οι καλοί - the good	οι καλές	τα καλά
Γεν.	- Poss.	των καλών-of the good	των καλών	των καλών
Αιτ.	- Obj.	τους καλούς - the good	τις καλές	τα καλά
Κλητ.	- Nom. of add.	καλοί	καλές	καλά

Ενικός αριθμός

Ονομ.	ο όμορφος - beautiful	η όμορφη	το όμορφο
Γεν.	του όμορφου	της όμορφης	του όμορφου
Αιτ.	τον όμορφο	την όμορφη	το όμορφο
Κλητ.	όμορφε	όμορφη	όμορφο

Πληθυντικός αριθμός

Ονομ.	οι όμορφοι	οι όμορφες	τα όμορφα
Γεν.	των όμορφων	των όμορφων	των όμορφων
Αιτ.	τους όμορφους	τις όμορφες	τα όμορφα
Κλητ.	όμορφοι	όμορφες	όμορφα

Επίθετα που τελειώνουν σε -ος, -α, -ο

Ενικός αριθμός

Ονομ.	ο ωραίος - beautiful	η ωραία	το ωραίο
Γεν.	του ωραίου	της ωραίας	του ωραίου
Αιτ.	τον ωραίο	την ωραία	το ωραίο
Κλητ.	ωραίε	ωραία	ωραίο

Πληθυντικός αριθμός

Ονομ.	οι ωραίοι	οι ωραίες	τα ωραία
Γεν.	των ωραίων	των ωραίων	των ωραίων
Αιτ.	τους ωραίους	τις ωραίες	τα ωραία
Κλητ.	ωραίοι	ωραίες	ωραία

Ενικός αριθμός *

Ονομ.	ο πλούσιος - rich	η πλούσια - rich	το πλούσιο - rich
Γεν.	του πλούσιου	της πλούσιας	του πλούσιου
Αιτ.	τον πλούσιο	την πλούσια	το πλούσιο
Κλητ.	πλούσιε	πλούσια	πλούσιο

Πληθυντικός αριθμός

Ονομ.	οι πλούσιοι - rich	οι πλούσιες - rich	τα πλούσια - rich
Γεν.	των πλούσιων	των πλούσιων	των πλούσιων
Αιτ.	τους πλούσιους	τις πλούσιες	τα πλούσια
Κλητ.	πλούσιοι	πλούσιες	πλούσια

Επίθετα που τελειώνουν σε -ός, -ιά, -ό. Adjectives ending in -ός, -ιά, -ό.

Ενικός αριθμός

Ονομ.	ο γλυκός - sweet	η γλυκιά - sweet	το γλυκό - sweet
Γεν.	του γλυκού	της γλυκιάς	του γλυκού
Αιτ.	τον γλυκό	την γλυκιά	το γλυκό
Κλητ.	γλυκέ	γλυκιά	γλυκό

Πληθυντικός αριθμός

Ονομ.	οι γλυκοί - sweet	οι γλυκές - sweet	τα γλυκά - sweet
Γεν.	των γλυκών	των γλυκών	των γλυκών
Αιτ.	τους γλυκούς	τις γλυκές	τα γλυκά
Κλητ.	οι γλυκοί	γλυκές	γλυκά

Επίθετα που τελειώνουν σε -ύς, -ιά, -ύ.Adjectives ending in -ύς. -ιά, -ύ

Ενικός αριθμός

Ονομ.	ο βαθύς - deep	η βαθιά - deep	το βαθύ - deep
Γεν.	του βαθιού	της βαθιάς	του βαθιού
Αιτ.	τον βαθύ	την βαθιά	το βαθύ
Κλητ.	βαθύ	βαθιά	βαθύ

Πληθυντικός αριθμός

Ονομ.	οι βαθιοί - deep	οι βαθιές - deep	τα βαθιά - deep
Γεν.	των βαθιών	των βαθιών	των βαθιών
Αιτ.	τους βαθιούς	τις βαθιές	τα βαθιά
Κλητ.	βαθιοί	βαθιές	βαθιά

Επίθετα που τελειώνουν σε -ής, -ιά, -ι Adjectives ending in -ής, -ιά, -ι

Ενικός αριθμός

Ονομ.	ο χρυσαφής - golden	η χρυσαφιά - golden	το χρυσαφί - golden
Γεν.	του χρυσαφή	της χρυσαφιάς	του χρυσαφιού
Αιτ.	τον χρυσαφή	τη χρυσαφιά	το χρυσαφί
Κλητ.	χρυσαφή	χρυσαφιά	χρυσαφί

Πληθυντικός αριθμός

Ονομ.	οι χρυσαφιοί	οι χρυσαφιές	τα χρυσαφιά
Γεν.	των χρυσαφιών	των χρυσαφιών	των χρυσαφιών
Αιτ.	τους χρυσαφιούς	τις χρυσαφιές	τα χρυσαφιά
Κλητ.	χρυσαφιοί	χρυσαφιές	χρυσαφιά

Επίθετα που τελειώνουν σε -ης, -α, -ικο
Adjectives ending in -ης, -α, -ικο

Ενικός αριθμός

Ονομ.	ο ζηλιάρης - jealous	η ζηλιάρα	το ζηλιάρικο
Γεν.	του ζηλιάρη	της ζηλιάρας	του ζηλιάρικου
Αιτ.	τον ζηλιάρη	τη ζηλιάρα	το ζηλιάρικο
Κλητ.	ζηλιάρη	ζηλιάρα	ζηλιάρικο

Πληθυντικός αριθμός

Ονομ.	οι ζηλιάρηδες	οι ζηλιάρες	τα ζηλιάρικα
Γεν.	των ζηλιάριδων	–	των ζηλιάρικων
Αιτ.	τους ζηλιάρηδες	τις ζηλιάρες	τα ζηλιάρικα
Κλητ.	ζηλιάρηδες	ζηλιάρες	ζηλιάρικα

Επίθετα που κλίνονται σαν το «ζηλιάρης» είναι:
Adjectives declined as «ο ζηλιάρης»:

ο πεισματάρης - stubborn
ο γκρινιάρης - grumbler
ο παραπονιάρης - one who always complains

Επίθετα που τελειώνουν σε -ής, -ής, -ές
Adjectives ending in -ής, -ής, -ές

Ενικός αριθμός

Ονομ.	ο διαρκής - continuous	η διαρκής	το διαρκές
Γεν.	του διαρκούς*	της διαρκούς*	του διαρκούς*
Αιτ.	τον διαρκή	τη διαρκή	το διαρκές
Κλητ.* *	–	–	–

* Πληθυντικός αριθμός

Ονομ.	οι διαρκείς	οι διαρκείς	τα διαρκή
Γεν.	των διαρκών	των διαρκών	των διαρκών
Αιτ.	τους διαρκείς	τις διαρκείς	τα διαρκή
Κλητ.	–	–	–

* Μπορούμε να πούμε και «του διαρκή». Οι τύποι αυτοί δεν είναι συνηθισμένοι. There is also the form «του διαρκή»

* * Η κλητική δεν συνηθίζεται.
* * There is no nominative of address.

Το επίθετο «πολύς, πολλή, πολύ» κλίνεται έτσι:
The adjective πολύς, πολλή, πολύ - much

Ενικός αριθμός

Ονομ.	ο πολύς - much	η πολλή - much	το πολύ - much
Γεν.	–	της πολλής	–
Αιτ.	τον πολύ	την πολλή	το πολύ
Κλητ.	–	–	

Πληθυντικός αριθμός

Ονομ.	οι πολλοί - many	οι πολλές - many	τα πολλά - many
Γεν.	των πολλών	των πολλών	των πολλών
Αιτ.	τους πολλούς	τις πολλές	τα πολλά
Κλητ.	πολλοί	πολλές	πολλά

In the singular number this adjective has the meaning of much. Thus we have:

Πολλή βροχή - Much rain
Πολύ νερό - Much water
Πολύ πλήθος - A great multitude

In the plural the meaning is many:

Πολλοί άνθρωποι - Many men
Πολλά παιδιά - Many children
Βλέπουμε πολλές γυναίκες - We see many women
Πολλά φρούτα - Many fruit.

(Note: We use the plural for articles which can be   counted: Πολλά μολύβια - Many pencils. But
Πολύ νερό - Much water

43. ΠΑΡΑΘΕΤΙΚΑ ΤΩΝ ΕΠΙΘΕΤΩΝ (Βαθμοί των επιθέτων)

Διαβάστε τα ακόλουθα παραδείγματα:

Ο Γιώργος έχει ένα **μικρό** μήλο.
Ο Δημήτρης έχει ένα **μικρότερο** μήλο.
Ο Γιάννης έχει το **πιο μικρό** μήλο από όλα τα παιδιά.

Από τα παραδείγματα βλέπουμε πως το επίθετο «μικρός» έχει βαθμούς. Δηλαδή ένα πράγμα μπορεί να είναι μικρό ή μικρότερο από ένα άλλο ίδιο πράγμα ή να είναι το πιο μικρό από όλα τα ίδια πράγματα.

Με τον ίδιο τρόπο μπορούμε να πούμε:

Ο ΄Ολυμπος είναι **ψηλός.**
Οι ΄Αλπεις είναι **ψηλότερες από τον ΄Ολυμπο.**
Το ΄Εβερεστ είναι το πιο ψηλό βουνό.
Το ΄Εβερεστ είναι ψηλότατο (πολύ ψηλό) βουνό.

Οι τύποι **μικρό, μικρότερο, πιο μικρό, ψηλό, ψηλότερο, το πιο ψηλό, ψηλότατο** ονομάζονται βαθμοί του επιθέτου.

Οι βαθμοί του επιθέτου είναι τρεις:
ο θετικός, ο συγκριτικός και **ο υπερθετικός.**

Ο θετικός φανερώνει ότι ένα ουσιαστικό έχει ένα γνώρισμα (characteristic)
Π.χ.
Ο ΄Ολυμπος είναι ψηλό βουνό

Ο συγκριτικός φανερώνει ότι ένα ουσιαστικό έχει ένα γνώρισμα σε μεγαλύτερο βαθμό από ένα άλλο ουσιαστικό. Π.χ.
Οι ΄Αλπεις είναι ψηλότερες από τον ΄Ολυμπο.

Ο υπερθετικός φανερώνει ότι ένα ουσιαστικό έχει ένα γνώρισμα σε μεγαλύτερο βαθμό από όλα τα όμοιά του. Π.χ.

Το ΄Εβερεστ είναι το πιο ψηλό βουνό του κόσμου.

Ο υπερθετικός βαθμός μπορεί ακόμα να φανερώνει ότι ένα ουσιαστικό έχει ένα γνώρισμα σε πολύ μεγάλο βαθμό χωρίς να το συγκρίνουμε με άλλα ουσιαστικά. Π.χ.

Το ΄Εβερεστ είναι ψηλότατο (πολύ ψηλό) βουνό.

Ο πρώτος υπερθετικός λέγεται σχετικός (relative) και ο δεύτερος απόλυτος (absolute).

Το συγκριτικό και το υπερθετικό ενός επιθέτου λέγονται με μια λέξη **παραθετικά.**

43. DEGREES OF ADJECTIVES

Let us read the following examples:

Ο Γιώργος έχει ένα **μικρό** μήλο - George has a **small** apple.
Ο Δημήτρης έχει ένα μικρότερο μήλο - Dimitri has a **smaller** apple.
Ο Γιάννης έχει **το πιο μικρό** μήλο από όλα τα παιδιά
John has **the smallest** apple of all the children.

From the above examples we see that the adjective «μικρός» has degrees. In other words an object may be small, or smaller or very small compared with other similar objects.

In the same way we may say:

Ο Όλυμπος είναι **ψηλός -** Mount Olympus is high.
Οι Άλπεις είναι **ψηλότερες** από τον Όλυμπο -
The Alps are higher than Mt. Olympus.
Το Έβερεστ είναι **το πιο ψηλό** βουνό. -
Everest is the highest mountain.
Το Έβερεστ είναι **ψηλότατο (πολύ ψηλό)** βουνό -
Mt. Everest is very high mountain.

The forms **μικρό, μικρότερο, πιο μικρό, ψηλό, ψηλότερο, το πιο ψηλό, ψηλότατο** are called degrees of an adjective.

The degrees are three: **Positive, Comparative** and **Superlative.** (θετικός, συγκριτικός, υπερθετικός).
The positive degree shows that a noun has a particular characteristic to a certain degree. Ex.:

Ο Όλυμπος είναι ψηλό βουνό.

The comparative shows that a noun has a characteristic in a higher degree than another noun of the same kind. Ex.

Οι Άλπεις είναι ψηλότερες από τον Όλυμπο.

The superlative shows that a noun has a certain characteristic in the highest degree among all other nouns of the same kind.

Το Έβερεστ είναι το πιο ψηλό βουνό του κόσμου.

It may also show that a noun has a characteristic in a very high degree (without comparing it with any other noun of the same kind).

Το Έβερεστ είναι ψηλότατο (πιο ψηλό) βουνό.

The first superlative is called **relative** and the second **absolute.**

44. Πως σχηματίζουμε τα παραθετικά των επιθέτων

Το συγκριτικό σχηματίζεται
α) περιφραστικά (με δυο λέξεις) απο το θετικό και το επίρρημα πιο. Π.χ.

καλός	- πιο καλός	βαθύς	- πιο βαθύς
καλή	- πιο καλή	βαθιά	- πιο βαθιά
καλό	- πιο καλό	βαθύ	- πιο βαθύ

β. Μπορεί να σχηματιστεί όμως και με τις καταλήξεις:

-ότερος	-ύτερος
-ότερη	-ύτερη
-ότερο	-ύτερο

Επίθετα που τελειώνουν σε -ος, -η, -ο παίρνουν -ότερος Π.χ.

γενναίος - γενναιότερος	ή	πιο γενναίος
γενναία - γενναιότερη	ή	πιο γενναία
γενναίο - γενναιότερο	ή	πιο γενναίο

Επίθετα που τελειώνουν σε -ύς παίρνουν το -ύτερος. Π.χ.

βαθύς - βαθύτερος	ή	πιο βαθύς
βαθιά - βαθύτερη	ή	πιο βαθιά
βαθύ - βαθύτερο	ή	πιο βαθύ

Το υπερθετικό σχηματίζεται: α. βάζοντας το άρθρο μπροστά από το **συγκριτικό.** Π.χ.

Συγκριτικό	**Υπερθετικό**
πιο γενναίος	ο πιο γενναίος
πιο γενναίο	η πιο γενναία
πιο γενναίο	το πιο γενναίο
πιο ωραίος	ο πιο ωραίος
πιο ωραία	η πιο ωραία
πιο ωραίο	το πιο ωραίο

β. Βάζοντας στο θετικό τις καταλήξεις -ότατος, -ότατη, -ότατο στα επίθετα που τελειώνουν σε **-ος:**

γενναίος	- γενναιότατος
γενναία	- γενναιότατη
γενναίο	- γενναιότατο

44. Formation of the comparative and superlative degrees

The comparative degree is formed in two ways:

1. periphrastically (using two words) by adding in front of the positive the adverb **πιο.** Ex.:

καλός	- πιο καλός - better		βαθύς	- πιο βαθύς - deeper
καλή	- πιο καλή		βαθιά	- πιο βαθιά
καλό	- πιο καλό		βαθύ	- πιο βαθύ

2. By adding the endings **-ότερος, -ότερη, -ότερο,** to the positive degree, if the adjective ends in **-ος.** Ex.:

γενναίος	- γενναιότερος - brave - braver
γενναία	- γενναιότερη
γενναίο	- γενναιότερο

By adding the endings **-ύτερος, -ύτερη, -ύτερο** to the positive degree if the adjective ends in **-ύς.** Ex.:

βαθύς	- βαθύτερος - deep - deeper
βαθιά	- βαθύτερη
βαθύ	- βαθύτερο

The superlative degree is also formed in two ways:

1. By adding in front of the comparative the artile ο, η, το Ex.:

Comparative	**Superlative**
πιο γενναίος - braver	ο πιο γενναίος - braver
πιο γενναία	η πιο γενναία
πιο γενναίο	το πιο γενναίο
πιο ωραίος - more beautiful	ο πιο ωραίος - most beautiful
πιο ωραία	η πιο ωραία
πιο ωραίο	το πιο ωραίο

2. By adding to the positive the endings **-ότατος, -ότατη, -ότατο** if the adjective ends in **-ος.**

γενναίος	- γενναιότατος bravest
γενναία	- γενναιότατη
γενναίο	- γενναιότατο

ωραίος	- ωραιότατος
ωραία	- ωραιότατη
ωραίο	- ωραιότατο

Βάζοντας τις καταλήξεις **-ύτατος, -ύτατη, -ύτατο** στα επίθετα που τελειώνουν σε **-ύς.**

βαθύς	- βαθύτατος
βαθιά	- βαθύτατη
βαθύ	- βαθύτατο

3. Βάζοντας μπροστά από το θετικό τις λέξεις **πολύ** ή **πολύ πολύ**

| ωραίος | - πολύ ωραίος ή |
| | πολύ πολύ ωραίος |

| πλατύς | - πολύ πλατύς ή |
| | πολύ πολύ πλατύς |

Επίθετα που γίνονται από επιρρήματα σαν τα **άνω, κάτω,** στο συγκριτικό και υπερθετικό έχουν **-ώτερος -ώτερη, ώτερο** και **-ώτατος, -ώτατη, ώτατο.** Παράδειγμα:

άνω	- ανώτερος	- ανώτατος
	ανώτερη	- ανώτατη
	ανώτερο	- ανώτατο
κάτω	- κατώτερος	- κατώτατος
	κατώτερη	- κατώτατη
	κατώτερο	- κατώτατο

Ανώμαλα Παραθετικά

Μερικά επίθετα σχηματίζουν τα παραθετικά τους διαφορετικά από τα άλλα επίθετα. Αυτά είναι τα ανώμαλα παραθετικά. Επίθετα με ανώμαλα παραθετικά είναι:

θετικός	**συγκριτικός**	**υπερθετικός**
καλός	καλύτερος	κάλλιστος, άριστος
κακός	χειρότερος	χείριστος
πολύς	περισσότερος (πιότερος)	πλείστος
λίγος	λιγότερος	ελάχιστος
μεγάλος	μεγαλύτερος	μέγιστος
μικρός	μικρότερος	ελάχιστος

ωραίος	- ωραιότατος - most beautiful
ωραία	- ωραιότατη
ωραίο	- ωραιότατο

By adding the endings **-ύτατος, -ύτατη, -ύτατο** to the positive if the adjective ends in **-υς.** Ex.:

βαθύς	- βαθύτατος - deepest
βαθιά	- βαθύτατη
βαθύ	- βαθύτατο

3. By adding to the positive the words **πολύ** or **πολύ πολύ**

ωραίος - beautiful	πολύ ωραίος - most beautiful
	πολύ πολύ ωραίος - most beautiful
πλατύς - wide	πολύ πλατύς - widest
	πολύ πολύ πλατύς - widest

Adjectives derived from adverbs like άνω = up, κάτω = down, in the comparative and superlative degree add the endings -ώτερος,-ώτερη, -ώτερο and -ώτατος, -ώτατη, -ώτατο.

άνω - up	ανώτερος - higher	ανώτατος - highest
	ανώτερη	ανώτατη
	ανώτερο	ανώτατο
κάτω - down	κατώτερος - lower	κατώτατος - lowest
	κατώτερη	κατώτατη
	κατώτερο	κατώτατο

Adjectives having irregular degrees

Some adjective form their degrees irregularly. These are:

καλός - good	καλύτερος - better	κάλλιστος - best or
		άριστος - best
κακός - bad	χειρότερος - worse	χείριστος - worst
πολύς - much	περισσότερος - more or	πλείστος - most
	(πιότερος)	
λίγος - little	λιγότερος - less	ελάχιστος - least
μεγάλος - big	μεγαλύτερος - bigger	μέγιστος - biggest
μικρός - small	μικρότερος - smaller	ελάχιστος - smallest

45. Τα Αριθμητικά

Τα αριθμητικά είναι λέξεις που δηλώνουν αριθμούς. Χωρίζονται σε <u>αριθμητικά επίθετα</u> και <u>αριθμητικά ουσιαστικά</u>.

Τα αριθμητικά επίθετα είναι **απόλυτα** και **τακτικά**.

Απόλυτα	Τακτικά
ένας, μία - μια, ένα	πρώτος
δύο, δυο	δεύτερος
τρεις, τρία	τρίτος
τέσσερις, τέσσερα	τέταρτος
πέντε	πέμπτος
έξι	έκτος
εφτά (επτά)	έβδομος
οχτώ (οκτώ)	όγδοος
εννέα, εννιά	ένατος
δέκα	δέκατος
έντεκα	ενδέκατος
δώδεκα	δωδέκατος
δεκατρία	δέκατος τρίτος
δεκατέσσερα	δέκατος τέταρτος
δεκαπέντε	δέκατος πέμπτος
δεκαέξι	δέκατος έκτος
δεκαεφτά	δέκατος έβδομος
εικοσι	εικοστός
εικοσι ένας, εικοσι μία, εικοσι ένα	εικοστός πρώτος
εικοσι δύο	εικοστός δεύτερος
τριάντα	τριακοστός
σαράντα	τεσσαρακοστός
πενήντα	πεντηκοστός
εξήντα	εξηκοστός
εβδομήντα	εβδομηκοστός
ογδόντα	ογδοηκοστός
ενενήντα	ενενηκοστός
εκατό	εκατοστός
εκατόν ένας, εκατό μία, εκατόν ένα	εκατοστός πρώτος
εκατό δύο	εκατοστός δεύτερος

45. The Numerals

The numerals are words denoting number. They are divided into numeral adjectives and numeral nouns.

The numeral adjectives are cardinal and ordinal.

Cardinal

			Ordinal
ένας, μία - μια, ένα	1	- one	πρώτος 1st
δύο, δυο	2	- two	δεύτερος 2nd
τρείς, τρία	3	- three	τρίτος 3rd etc.
τέσσερις, τέσσερα	4	- four	τέταρτος
πέντε	5	- five	πέμπτος
έξι	6	- six	έκτος
εφτά (επτά)	7	- seven	έβδομος
οχτώ (οκτώ)	8	- eight	όγδοος
εννέα, εννιά	9	- nine	ένατος
δέκα	10	- ten	δέκατος
έντεκα	11	- eleven	ενδέκατος
δώδεκα	12	- twelve	δωδέκατος
δεκατρία	13	- thirteen	δέκατος τρίτος
δεκατέσσερα	14	- fourteen	δέκατος τέταρτος
δεκαπέντε	15	- fifteen	δέκατος πέμπτος
δεκαέξι	16	- sixteen	δέκατος έκτος
είκοσι	20	- twenty	εικοστός
είκοσι ένας, είκοσι μία, είκοσι ένα	21	- twenty-one	εικοστός πρώτος
είκοσι δύο	22	- twenty-two	εικοστός δεύτερος
τριάντα	30	- thirty	τριακοστός
σαράντα	40	- forty	τεσσαρακοστός
πενήντα	50	- fifty	πεντηκοστός
εξήντα	60	- sixty	εξηκοστός
εβδομήντα	70	- seventy	εβδομηκοστός
ογδόντα	80	- eighty	ογδοηκοστός
ενενήντα	90	- ninety	ενενηκοστός
εκατό	100	- one hundred	εκατοστός
εκατόν ένας, εκατό μία, εκατόν ένα	101	- one hundred and one	εκατοστός πρώτος
εκατό δύο	102	- one hundred and two	εκατοστός δεύτερος

διακόσιοι, -ες, -α	διακοσιοστός
τριακόσιοι, -ες, -α	τριακοστός
τετρακόσιοι, -ες, -α	τετρακοσιοστός
πεντακόσιοι, -ες, -α	πεντακοσιοστός
εξακόσιοι, -ες, -α	εξακοσιοστός
εφτακόσιοι, -ες, α	εφτακοσιοστός
οχτακόσιοι, -ες, -α	οχτακοσιοστός
εννιακόσιοι, -ες, -α	εννεακοσιοστός
χίλιοι, χίλιες, χίλια	χιλιοστός
δύο χιλιάδες	δισχιλιοστός
εκατό χιλιάδες	εκατοντακισχιλιοστός
ένα εκατομμύριο	εκατομμυριοστός
ένα δισεκατομμύριο	δισεκατομμυριοστός

Από τα απόλυτα αριθμητικά κλίνονται μόνο τα:
ένας, μία, ένα, τρείς, τρία, τέσσερις, τέσσερα

Ενικός αριθμός

ένας	μία, μια	ένα
ενός	μιας	ενός
ένα (ν)	μία, μια	ένα

Πληθυντικός αριθμός

Αρσενικό και θηλυκό	Ουδέτερο	Αρσενικό και θηλυκό	Ουδέτερο
τρείς	τρία	τέσσερις	τέσσερα
τριών	τριών	τεσσάρων	τεσσάρων
τρείς	τρία	τέσσερις	τέσσερα

Από τα δύο γίνεται το διπλός, διπλή, διπλό
από το τρία το τριπλός, τριπλή, τριπλό κτλ.
αυτά λέγονται **πολλαπλασιαστικά αριθμητικά**

Οι λέξεις διπλάσιος, τριπλάσιος, τετραπλάσιος κτλ. λέγονται **αναλογικά αριθμητικά.**

Λέξεις σαν το δωδεκάδα, δυάδα, τριάδα, εκατοντάδα είναι **αριθμητικά ουσιαστικά.**

διακόσιοι, -ες, -οι*	200	- two hundred	διακοσιοστός
τριακόσιοι, -ες, -οι	300	- three hundred	τριακοσιοστός
τετρακόσιοι, -ες, -α	400	- four hundred	τετρακοσιοστός
πεντακόσιοι, -ες, -α	500	- five hundred	πεντακοσιοστός
εξακόσιοι, -ες, -α	600	- six hundred	εξακοσιοστός
εφτακόσιοι, -ες, -α	700	- seven hundred	εφτακοσιοστός
οχτακόσιοι, -ες, -α	800	- eight hundred	οχτακοσιοστός
εννιακόσιοι, -ες, -α	900	- nine hundred	εννεακοσιοστός
χίλιοι, χίλιες, χίλια	1000	- one thousand	χιλιοστός
δύο χιλιάδες	2000	- two thousand	δισχιλιοστός
εκατό χιλιάδες	100.000	- one hundred thousand	εκατοντακισχιλιοστός
ένα εκατομμύριο	1.000.000	- one million	εκατομμυριοστός
ένα δισεκατομμύριο	1.000.000.000	- one billion	δισεκατομμυριοστός

* masculine, feminine and neuter

Of the cardinal numerals only a few are declinable, the following: ένας, μία, ένα, τρείς, τρία, τέσσερις, τέσσερα

Singular number

Masc.	Fem.	Neut.
ένας - one	μία, μια - one	ένα - one
ενός - of one	μιας - of one	ενός - of one
ένα (v) - one	μία, μια - one	ένα - one

Plural number

Masc. and Fem.	Neut.	Masc. and Fem.	Neut.
τρείς - three	τρία	τέσσερις - four	τέσσερα
τριών - of three	τριών	τεσσάρων - of four	τεσσάρων
τρείς - three	τρία	τέσσερις - four	τέσσερα

From the word δύο is derived διπλός, διπλή, διπλό - double
from τρία τριπλός, τριπλή, τριπλό - triple
from τέσσερα, τετραπλός, τετραπλή, τετραπλό - quadruple or

διπλάσιος, διπλάσια, διπλάσιο - double
τριπλάσιος, τριπλάσια, τριπλάσιο - trible
τετραπλάσιος, τετραπλάσια, τετραπλάσιο - quadruple

From δύο	we have δυάδα - couple, duo
From τρία	τριάδα - trinity (three together)
From τέσσερα	τετράδα - four together
From δώδεκα	δωδεκάδα - a dozen
From εκατό	εκατοντάδα - one hundred

46. Αντωνυμίες - Pronouns

Αντωνυμίες είναι λέξεις που χρησιμοποιούμε στη θέση ονομάτων. Π.χ. Ο Γιάννης είναι ένας άντρας.
Αυτός (ο Γιάννης) είναι γιατρός.

Η λέξη **αυτός** είναι αντωνυμία γιατί στη δεύτερη πρόταση παίρνει τη θέση της λέξης **Γιάννης**.

Οι αντωνυμίες είναι:

Α. Προσωπικές - Personal pronouns

Οι προσωπικές αντωνυμίες φανερώνουν πρόσωπα και είναι:
εγώ - πρώτο πρόσωπο
εσύ - δεύτερο πρόσωπο
αυτός, αυτή αυτό - τρίτο πρόσωπο

Κλίνονται με αυτόν τον τρόπο:

Ενικός αριθμός

	Α΄ πρόσωπο	Β΄ πρόσωπο	Γ΄ πρόσωπο	
Ονομ.	εγώ	εσύ	αυτός (τος)	αυτό (το)
Γεν.	εμένα (μου)	εσένα (σου)	αυτού (του)	αυτού (του)
Αιτ.	εμένα (με)	εσένα (σε)	αυτόν (τον)	αυτό (το)
Κλητ.		εσύ		

Πληθυντικός αριθμός

Ονομ.	εμείς	εσείς	αυτοί (τοι)	αυτά (τα)
Γεν.	εμάς (μας)	εσάς (σας)	αυτών (τους)	αυτών (τους)
Αιτ.	εμάς (μας)	εσάς (σας)	αυτούς (τους)	αυτά (τα)

Οι τύποι (στις παρενθέσεις) είναι οι αδύνατοι τύποι κι έχουν μόνο μια συλλαβή. Παραδείγματα.

Του είπα. Σου έδωσα. Τον είδα. Με αγαπά. Τους φωνάξαμε. Τις είδαμε.

* Χρησιμοποιούμε το **τις** πριν από το ρήμα και το **τες** ύστερα απ΄ αυτό. Π.χ. **Τις** βλέπουμε στο δρόμο. Φωνάξετέ **τες.**

46. **Pronouns - Αντωνυμίες**

Pronouns are words used in place of nouns.

Ex.: Ο Γιάννης είναι ένας άντρας. **Αυτός** είναι γιατρός.

The word **αυτός** is a pronoun since it takes the place of the noun Γιάννης.

Pronouns are classified as follows:

A. **Personal pronouns - Προσωπικές αντωνυμίες**

They show persons and are:

Εγώ for the first person
Εσύ for the second person
Αυτός, αυτή, αυτό for the third person.

They are declined as follows:

Singular number

	First Person	Second Person
Nom.	εγώ - I	εσύ - you
Poss	εμένα (μου) - to me	εσένα (σου) - to you
Obj.	εμένα (με) - me	εσένα (σε) - you

Plural number

Nom.	εμείς - we	εσείς - you
Poss.	εμάς (μας) - to us	εσάς (σας) - to you
Obj.	εμάς (μας) - us	εσάς (σας) - you

Third Person

Singular number

Nom.	αυτός (τος) he	αυτή (τη) - she	αυτό (το) - it
Poss.	αυτού (του) - him	αυτής (της) - to her	αυτού (του) - to it
Obj.	αυτόν (τον) - him	αυτή(v) τη(v) - her	αυτό (το) - it

Plural number

Nom.	αυτοί (τοι) - they	αυτές (τες) - they	αυτά (τα) - they
Poss.	αυτών (τους)-to them	αυτών (τους)-to them	αυτών (τους)-to them
Obj.	αυτούς (τους) ·them	αυτές (τις, τες)-to them	αυτά (τα) - they

Β. Κτητικές αντωνυμίες

Οι κτητικές αντωνυμίες φανερώνουν τον κτήτορα, δηλαδή σε ποιόν ανήκει κάτι και είναι.

μου, σου   Το βιβλίο **μου**

του, της, του   Η δασκάλα **της**

μας, σας, τους   Το σπίτι **μας**

β. Το επίθετο **δικός, δική, δικό** που ακολουθείται από τα μου, σου, του, μας, σας, τους

δικός μου, δική μου, δικό μου
δικός σου, δική σου, δικό σου
δικός του, δική του, δικό του

δικός μας, δική μας, δικό μας
δικός σας, δική σας, δικό σας
δικός τους, δική τους, δικό τους

The forms in the parentheses are called weak forms and have only one syllable. Ex.:

Του είπα = I told him
Σου έδωσα = I gave you.
Τον είδα = I saw him.

Με αγαπά = He (she) loves me.
Τους φωνάξαμε = We called them
Τις είδαμε = We saw them.

* We use **τις** before a verb and **τες** after the verb. Ex.:
Τις βλέπουμε στο δρόμο. = We see them in the street.
Φωνάξετέ τες. = Call them.

B. **Possessive pronouns**

The possessive pronouns show possession. They are:

a. The weak forms of the personal pronoun:

μου - mine
σου - yours
του - his
της - hers
του - its

μας - our
σας - yours
τους - theirs

Το βιβλίο μου - My book
Η δασκάλα της - Her teacher
Το σπίτι μας - Our house

b. The adjective δικός, δική, δικό followed by the other possessive pronoun μου, σου, του, της, του, μας, σας, τους

δικός* μου, δική μου, δικό μου - my own
δικός σου, δική σου, δικό σου - your own
δικός του, δική του, δικό του - his own, her own, its own
δικός της, δική της, δικό της - her own

δικός μας, δική μας, δικό μας - our own
δικός σας, δική σας, δικό σας - your own
δικός τους, δική τους, δικό τους - their own

Το δικό μας σχολείο - Our own school
Οι δικοί μας άνθρωποι - Our own people
Οι δικές σας γυναίκες - Your own women

* δικός, δική, δικό is declined in the singular and plural number as an adjective of same endings.

Γ. Αυτοπαθείς αντωνυμίες

Οι αντωνυμίες αυτές φανερώνουν ότι το ίδιο πρόσωπο που ενεργεί αυτό το πρόσωπο δέχεται και την ενέργεια. Είναι δε:

Α´ πρόσωπο	Β´ πρόσωπο	Γ´ πρόσωπο
του εαυτού μου	του εαυτού σου	του εαυτού του (της)
τον εαυτό μου	τον εαυτό σου	τον εαυτό του (της)

Πληθυντικός αριθμός

του εαυτού μας ή	του εαυτού σας ή	του εαυτού τους ή
των εαυτών μας	των εαυτών σας	των εαυτών τους
τον εαυτό μας ή	τον εαυτό σας ή	τον εαυτό τους ή
τους εαυτούς μας	τους εαυτούς σας	τους εαυτούς τους

Σκέφτεται μόνο **τον εαυτό του**
Να κοιτάξεις **τον εαυτό σου.**

Δ. Οριστικές αντωνυμίες

Οι οριστικές αντωνυμίες είναι δυο και είναι επίθετα. Ξεχωρίζουν κάτι από κάτι άλλο του ίδιου γένους.

ο ίδιος	μόνος
η ίδια	μόνη
το ίδιο	μόνο

῎Ηλθα την ίδια μέρα που ήρθε και ο πατέρας μου.
Το παιδί έγραψε μόνο του το γράμμα.

C. Reflexive pronouns

There is only one reflexive pronoun. It shows that the person that acts receives also its action.

Singluar number

First Person

του εαυτού μου - of myself
τον εαυτό μου - myself

Second person

του εαυτού σου - of yourself
τον εαυτό σου - yourself

Plural number

του εαυτού μας - of ourself or
των εαυτών μας - of ourselves
τον εαυτό μας - ourself or
τους εαυτούς μας - ourselves

του εαυτού σας - of yourself or
των εαυτών σας - of yourselves
τον εαυτό σας - yourself or
τους εαυτούς σας - yourselves

Singular number

του εαυτού του (της) - of itself - of herself
τον εαυτό του (της) - itself - herself

Plural number

τον εαυτό τους - of theirself
των εαυτών τους - of themselves
τον εαυτό τους - theirself
τους εαυτούς τους - themselves

Σκέφτεται μόνο τον εαυτό του. - He thinks only of himself.
Να κοιτάξεις τον εαυτό σου. - Take care of yourself.

D. Definite pronouns

There are two definite pronouns; in reality they are adjectives but are used as pronouns also. Both are declined as adjectives of same endings.

ο ίδιος - same
η ίδια - same
το ίδιο - same

μόνος - alone
μόνη - alone
μόνο - alone

«Μόνος» is followed by the weak form of the personal pronoun.

Μόνος μου-by myself (masc.)   Μόνες σας - by yourselves (fem.)
Μόνοι μας-By ourselves (masc.) Μόνα τους - By themselves (neu.)

E. Δεικτικές αντωνυμίες

Μεταχειριζόμαστε τις δεικτικές αντωνυμίες για να δείχνουμε. Δεικτικές αντωνυμίες είναι:

αυτός, αυτή, αυτό
Τη χρησιμοποιούμε για να δείχνουμε κάτι που είναι κοντά.

(ε)τούτος, (ε)τούτη, (ε)τούτο.
Για να δείχνουμε όσα είναι πολύ κοντά.

εκείνος, εκείνη, εκείνο
Για να δείχνουμε όσα βρίσκονται μακριά μας.

τέτοιος, τέτοια, τέτοιο
Για να δείχνουμε ποιότητα.

τόσος, τόση, τόσο Για να δείχνουμε ποσότητα.

Παραδείγματα:
Τούτο είναι το βιβλίο μου, **εκείνο** είναι το δικό σου βιβλίο.
Αυτός ο δρόμος είναι ωραίος.
Τέτοιος άνθρωπος ήταν ο πατέρας του.
Έκαμε **τόσο** νερό που γέμισαν τα ποτάμια.

Οι δεικτικές αντωνυμίες κλίνονται σαν τα επίθετα που έχουν ίδιες καταλήξεις.

ΣΤ. Αναφορικές αντωνυμίες

Μια αναφορική αντωνυμία μπορεί να αναφέρεται σε μια ολόκληρη πρόταση ή σε μια μόνο λέξη. Π.χ.

Χαιρετούσαμε τον φίλο μας τον Γιάννη, **που** έφευγε με το αεροπλάνο για την Αμερική.

Μόνος σου-By yourself (masc.) Μόνο του - By himself (neu.)
Μόνη σου-By yourself (fem.)   Μόνα τους - By themselves (neu.)

˙Ηλθα **την ίδια** μέρα που ήρθε κι ο πατέρας μου. - I came the same day as my father.

Το παιδί έγραψε **μόνο του** το γράμμα. - The child wrote the letter by himself.

E. Demonstrative pronouns

We use the demonstrative pronouns to show. They are:

αυτός, αυτή, αυτό. - This - we use this pronoun to show things that are close.

Αυτός ο δρόμος είναι ωραίος. - This street is beautiful.

(ε)τούτος, (ε)τούτη, (ε)τούτο. - This - we use it to show things that are very close.
Ετούτο είναι το βιβλίο μου. - This is my book.

εκείνος, εκείνη, εκείνο - That. - We use it to show things that are far.
Εκείνο το βουνό εκεί - That mountain over there.

τέτοιος, τέτοια, τέτοιο - Such - We use it to show quality.
Τέτοιος άνθρωπος ήταν ο πατέρας του. - Such a man was his father.

τόσος, τόση, τόσο - So much. We use it to show quantity.

˙Εβρεξε τόσο πολύ, ώστε γέμισαν τα ποτάμια.
It rained so much that the streams filled up.

The demonstrative pronouns are declined as the adjectives of same endings.

F. Relative pronouns

A relative pronoun may refer to a whole sentence or to a single word.
Ex.: Χαιρετούσαμε τον φίλο μας τον Γιάννη, **που** έφευγε για την Αμερική,
We were greeting our friend John **who** was leaving for America.

Ο άνθρωπος **που** ήρθε είναι παλιός φίλος του πατέρα μας.
The man **who** came is an old friend of our father.

Ο άνθρωπος **που** ήλθε είναι παλιός φίλος του πατέρα **μας.**

Οι αναφορικές αντωνυμίες είναι:

Που-είναι άκλιτο και χρησιμοποιείται σαν αρσενικό, θηλυκό ή ουδέτερο.
Ο άνθρωπος **που** ήρθε. Η γυναίκα **που** έφυγε.
Το παιδί **που** κλαίει.

ο οποίος, η οποία, το οποίο
Το κορίτσι, το οποίο έφυγε.

όποιος, όποια, όποιο. Όποιος βρεί την απάντηση, θα πάρει ένα βραβείο

όσος, όση, όσο. Θα σου δώσω όσα λεφτά θέλεις.

ό,τι-είναι άκλιτο και σημαίνει **εκείνο το οποίο.**
Κάνει ό,τι θέλει (αυτό που θέλει)

Ζ. Ερωτηματικές αντωνυμίες

Μεταχειριζόμαστε τις ερωτηματικές αντωνυμίες για να ρωτούμε.
Ερωτηματικές αντωνυμίες είναι:

α. **Τι** - Το **τι** δεν κλίνεται.
   Τι κάνεις; Τι θέλετε;
   Τι είναι αυτό;

β. **Ποιός, ποιά, ποιό** - Ποιός είναι αυτός;
   Ποιος ήπιε το γάλα;
   Ποια ήρθε;
   Ποιο παιδί χτύπησε το πόδι του;

γ. **Πόσος, πόση, πόσο** - Πόσο κάνει αυτό;
   Πόσοι μαθητές λείπουν;

Οι ερωτηματικές αντωνυμίες κλίνονται όπως τα επίθετα που έχουν ίδιες καταλήξεις.

The relative pronouns are:

Που-is not declined and may be used with masculine, feminine or neuter words.

Ο άνθρωπος που ήρθε. - The man **who** came.
Η γυναίκα που έφυγε. - The woman **who** left.
Το παιδί που κλαίει - The child **which** cries.

ο οποίος, η οποία, το οποίο - who, which
Το κορίτσι το οποίο έφυγε - The girl which left.

όποιος, όποια, όποιο - whoever

Οποιος βρεί την απάντηση θα πάρει ένα βραβείο. Whoever finds the answer will get a reward.

όσος, όση, όσο - As much as
Θα σου δώσω όσα λεφτά θέλεις - I will give you as much money as you want.
ό,τι - the thing which, whatever
Κάνει ό,τι θέλει. He does whatever he wants.

G. **Interrogative pronouns**

We use the interrogative pronouns in questions. The interrogative pronouns are:

a. **Τι -** What; (Indeclineable)
   Τι κάνεις; - What are you doing; How are you;
   Τι θέλετε; - What do you want;
   Τι είναι αυτό; - What is this?

b. **Ποιος, ποια, ποιο -** who, which?
   Ποιος είναι αυτός; - Who is this?
   Ποια ήρθε; - Who came
   Ποιο παιδί χτύπησε το πόδι του; - Which child hit his foot?

c. **Πόσος, πόση, πόσο -** How much? How many?
   Πόσο κάνει αυτό; - How much does this cost?
   Πόσοι μαθητές λείπουν; - How many pupils are absent?

The last two pronouns are declined as the adjectives of the same ending.

Η. Αόριστες αντωνυμίες

Οι αντωνυμίες αυτές φανερώνουν αόριστα, χωρίς να ονομάζουν ένα πρόσωπο ή ένα πράγμα. Είναι δε:

α. **ένας, μία (μια), ένα** ΄Ενας απ΄ αυτούς ήταν ο Οδυσσέας.

β. **κανένας (κανείς), καμιά (καμία), κανένα.**
   Κανένας δεν ήρθε.
   Δε μου δίνεις καμιά δραχμή; ρώτησε.
   ο Γιάννης τον πατερα του.

γ. **κάθε, καθένας, καθεμιά (καθεμία), καθένα** Το κάθε δεν κλίνεται.
   Μένει το ίδιο και χρησιμοποιείται ως αρσενικό θηλυκό ή ουδέτερο.
   Κάθε άνθρωπος. Κάθε στιγμή. Κάθε λεπτό.
   Καθένας έφαγε δυό μήλα.
   Καθεμιά έραψε ένα φουστάνι.
   Καθένα διάβασε λίγες γραμμές από το μάθημα.

δ. **κάποιος, κάποια, κάποιο** - Μου το είπε **κάποιος.**
   Κάποια παροιμία λέει.
   Κάποιο από τα παιδιά δεν έγραψε.

ε. **κάμποσος, κάμποση, κάμποσο** - ΄Εβγαλε κάμποσα λεφτά.
   Θα μείνουμε κάμποσες μέρες.
   Στη γιορτή της εκκλησίας ήρθε κάμποσος κόσμος.

στ. **μερικοί, μερικές, μερικά** - Στην παράσταση ήρθαν μόνο μερικοί άνθρωποι.
   Πήγαμε στον κινηματογράφο μερικές φορές.
   Μερικά παιδιά δεν ακούνε τους γονείς τους.

ζ. **άλλος, άλλη, άλλο** - ΄Αλλος φώναζε, άλλος γελούσε.
   Θα έρθω μια άλλη μέρα.
   Τι άλλο θέλεις;

η. **κάτι, κατιτί** - Και οι δυο λέξεις είναι άκλιτες.
   Θέλω κάτι.
   Είδαμε κάτι μεγάλα μηχανήματα.
   Θέλουμε κατιτί για τον πονοκέφαλο.

   καθετί.Είναι άκλιτη λέξη.
   Καθετί είναι στη θέση του.
   Ξέρει το καθετί.

H. Indefinite pronouns

The indefinite pronouns show, without specifying, persons or things. They are:

a. ένας, μία (μια) ένα - one, a, an (same as the indefinite article)
Ένας από τους ήρωες ήταν ο Οδυσσέας. - One of the heroes was Ulysses.

b. κανένας, (κανείς), καμιά (καμμία), κανένα - Nobody, no one, some
Κανένας δεν ήρθε. - No one came.
Δε μου δίνεις καμιά δραχμή; ρώτησε ο Γιάννης τον πατέρα του.
«Can gou give me a drachma», John asked his father.

c. κάθε - καθένας, καθεμιά, καθένα - each, each one
κάθε is indeclinable (used with masculines, feminines and neuters)
καθένας, καθεμιά, καθένα - each one, each (declined like ένας, μία, ένα)
Κάθε άνθρωπος - Each man
Κάθε στιγμή - Every moment, each moment
Κάθε λεπτό - Every minute. Each minute
Καθένας έφαγε δυό μήλα - Each one ate two apples.
Καθεμιά έραψε ένα φουστάνι - Each one sewed a dress.
Καθένα παιδί διάβασε λίγες γραμμές από το μάθημα.
Each child read a few lines from the lesson.

d. κάποιος, κάποια, κάποιο - Someone
Μου το είπε κάποιος. - Someone told me.
Κάποια παροιμία λέει. - A proverb says.
Κάποιο από τα παιδιά δεν έγραψε. - Someone of the children did not write.

e. κάμποσος, κάμποση, κάμποσο - Quite a bit, enough
Εβγαλε κάμποσα λεφτά - He earned quite a bit of money.
Θα μείνουμε εδώ κάμποσες μέρες - We will stay here quite a few days.
Κάμποσος κόσμος ήρθε για το παιγνίδι. - Many people came to the game.

f. μερικοί, μερικές, μερικά - some
Στην παράσταση ήρθαν μόνο μερικοί άνθρωποι. Few people came to the show.
Πήγαμε στον κινηματογράφο μερικές φορές.
We went to the show a few (some) times.
Μερικά παιδιά δεν ακούνε τους γονείς τους.
Some children do not obey their parents.

ι. **τίποτε (τίποτα)** - ˙Άκλιτη λέξη.
   Δεν ξέρω τίποτα.
   Δε μου είπε τίποτα.

κ. **ο δείνα, η δείνα, το δείνα**
   ο τάδε, η τάδε, το τάδε
   Ο τάδε άνθρωπος μου το είπε.

Από τις παραπάνω αντωνυμίες **κανένας, καμιά, κανένα, καθένας, καθεμιά, καθένα** κλίνονται σαν το **ένας, μια, ένα.**

Οι αντωνυμίες κάποιος, κάποια, κάποιο, κάμποσος, κάμποση, κάμποσο, μερικοί, μερικές, μερικά, άλλος, άλλη, άλλο κλίνονται σαν τα επίθετα που έχουν ίδιες καταλήξεις.

g. **άλλος, άλλη, άλλο** - other, another

'Αλλος φώναζε, άλλος γελούσε -One (other) shouted another laughted.
Θα έρθω μια άλλη μέρα. - I will come another day.
Τι άλλο θέλεις; - What else do you want?

h. **κάτι, κατιτί** (both are not declined) something, everything

Καθετί είναι στη θέση του. - Everything is in its place.
Ξέρει το καθετί. - He knows everything.
Μου είπε κάτι. - He told me something.

i. **τίποτε (τίποτα)** - nothing (indeclineable)

Δεν ξέρω τίποτε. - I do not know anything (I know nothing)
Δεν μου είπε τίποτα. - He told me nothing.

j. **ο δείνα, η δείνα, το δείνα** - Such and such
   ο τάδε, η τάδε, το τάδε - Such and such

Το είπε ο τάδε άνθρωπος - Such and such man said it.
Το είπε η δείνα γυναίκα. - Such and such woman said it.

47. Επιρρήματα

Τα επιρρήματα προσδιορίζουν ρήματα ή επίθετα, και φανερώνουν τόπο, χρόνο, ποσό, τρόπο, βεβαίωση και άρνηση. Επομένως έχουμε:

τοπικά επιρρήματα που φανερώνουν τόπο, όπως:
εδώ, εκεί, πάνω, κάτω, ψηλά, χαμηλά, δεξιά, αριστερά, μέσα, έξω κτλ.

χρονικά επιρρήματα - φανερώνουν χρόνο. Όπως:
χτές, σήμερα, αύριο, τώρα, πριν, πέρσι, φέτος, σε λίγο, κάποτε, ποτέ, πάντοτε κτλ.

τροπικά επιρρήματα - φανερώνουν τρόπο. Όπως: έτσι, αλλιώς, όμορφα, καλά, άσχημα, ήσυχα, ευτυχώς, δυστυχώς, ευτυχισμένα, μαζί, χωριστά κτλ.

ποσοτικά επιρρήματα - φανερώνουν ποσό. Όπως:
πολύ, λίγο, πιο, αρκετά, περισσότερο, πιο πολύ, καθόλου κτλ.

βεβαιωτικά - φανερώνουν βεβαίωση. Όπως:
βέβαια, μάλιστα, ναι, κτλ.

αρνητικά - φανερώνουν άρνηση. Όπως:
όχι, δε(ν), μη(ν), όχι βέβαια

47. Adverbs

Adverbs modify verbs or adjectives. There are six kinds of adverbs.

a. **Adverbs of place** - **τοπικά** - show place.

εδώ	- here	δεξιά	- right
εκεί	- there	αριστερά	- left
		γύρω	- around, round
πάνω	- up	τριγύρω	- all around
κάτω	- down	πλάι	- on the side
		εμπρός	- forward, in front
έξω	- out	πίσω	- backwards, back
μέσα	- in, inside	κοντά	- near, close
		μακριά	- far
πέρα	- there, yonder	κάπου	- somewhere
δώθε	- from here, here	πού;	- where?

b. **Adverbs of time** - χρονικά - show time

σήμερα	- today	πέρσι	- last year
αύριο	- tomorrow	του χρόνου	- next year
τώρα	- now	κάποτε	- sometimes
ύστερα	- after, then	ποτέ	- never
χτες	- yesterday	πάντοτε	- always
προχτές	- the day before yesterday	αργά	- late

c. **Adverbs of manner** - τροπικά - show manner.

έτσι	- thus	γρήγορα	- quickly
αλλιώς	- differently	αργά	- slowly
όμορφα	- beautifully	ευτυχώς	- fortunately
καλά	- well	δυστυχώς	- unfortunately
ωραία	- beautifully	μαζί	- together
χωριστά	- separately	ακριβώς	- exactly
κακά	- badly		
σιγά	- slowly		

d. **Adverbs of quantity** - ποσοτικά - show how much

πολύ	- much	περισσότερο	- more
λίγο	- little	πιο πολύ	- more
πιο	- more		
αρκετά	- enough, quite		
καθόλου	- not at all		

e. **Adverbs of confirmation** - βεβαιωτικά

βέβαια	- of course
μάλιστα	- yes
ναι	- yes

f. **Adverbs of negation** - αρνητικά

όχι	- no, not
δε (v)	- no, not
μη (v)	- no, not
όχι βέβαια	- of course not

48. Προθέσεις

Οι προθέσεις είναι άκλιτες λέξεις. Μπαίνουν μπροστά από άλλες λέξεις και φανερώνουν τόπο, χρόνο, αιτία, τρόπο κτλ.

Οι προθέσεις είναι:

με, σε, για, ως, προς, μετά, παρά, αντί, από, κατά, χωρίς, δίχως, ίσαμε

Έχω ένα βιβλίο **για** τον Γιώργο.
Πήγαμε **ίσαμε** το χωριό μας.
Θα έρθουμε **μετά** τις γιορτές
Αντί λεφτά μου έστειλε βιβλία.
Ήρθε **με** παλιά ρούχα.

49. Σύνδεσμοι

Οι σύνδεσμοι είναι λέξεις που συνδέουν λέξεις ή προτάσεις.

α. **Συμπλεκτικοί σύνδεσμοι** - και (κι), ούτε, μήτε, ουδέ, μηδέ.
Ενώνουν λέξεις ή προτάσεις.
Εγώ κι **εσύ**. Ήρθε, είδε **και** έφυγε.

β. **Διαχωριστικοί** ή, είτε
Τι θέλεις, νερό **ή** κρασί;

γ. **Αντιθετικοί** - μα, παρά, αλλά, όμως, ωστόσο, ενώ, αν και➡δείχνουν αντίθεση.
Τον φωνάξαμε πολλές φορές **αλλά** δεν ήρθε.
Έλα γρήγορα, **μα** πρόσεχε στον δρόμο.

δ. **Αποτελεσματικοί** - λοιπόν, ώστε, άρα, επομένως, που
Δείχνουν αποτέλεσμα.
Έβρεξε τόσο πολύ **ώστε** δεν μπορέσαμε να βγούμε έξω.

ε. **Επεξηγηματικός** - δηλαδή
Ο Γιάννης, ο Γιώργος κι ο Ανδρέας, **δηλαδή** οι μαθητές που έχουν αριθμό 1, 2 και 3 να έρθουν εδώ.

ζ. **Ειδικοί** - πως, που, ότι
Έμαθα **πως** το πλοίο έφτασε.
Ξέρω **ότι** έχει πολλά χρήματα.

48. Prespositions

Prepositions are words used to form prepositional phrases which modify the verb. Ex.: Γράφω **με** το μολύβι.

The prepositions are:

με	- with	παρά	- by
από	- from	αντί	- instead of
σε	- to	από	- from
για	- for	χωρίς	- without
ως	- to	δίχως	- without
προς	- toward	ίσαμε	- to
κατά	- at, against, according to		

Έχω ένα βιβλίο **για** τον Γιώργο. - I have a book for George.
Πήγαμε ίσαμε το χωριό μας. - We went as far as our village.
Θα έρθουμε μετά τις γιορτές - We will come after the holidays.
Αντί λεφτά μου έστειλε βιβλία. - Instead of money he sent me books.
Ήρθε με παλιά ρούχα - He came with (wearing) old clothes.

49. Conjunctions

Conjunctions join words, phrases or sentences. There are twelve different kinds of conjunctions:

a. Connecting - Συμπλεκτικοί

και (κι)	- and	ουδέ	- nor
ούτε	- neither ... nor	μηδέ	- nor
μήτε	- neither ... nor		

Εγώ και εσύ. - You and me.
Ο Γιάννης και ο Γιώργος. - John and George.
Ούτε τρώγει, ούτε πίνει - He neither eats nor drinks.

b. Separating - διαχωριστικοί

ή	- or	είτε	- or

Τι θέλεις, νερό ή κρασί; - What do you want, water or wine?

προτού, ώσπου, ωσότου, όσο που, όποτε
Οι χρονικοί σύνδεσμοι φανερώνουν χρόνο.

Το αεροπλάνο έφυγε, **όταν** ξημέρωσε.
Θα φύγω **πριν** το μεσημέρι.
Έπεσε **ενώ** έτρεχε.

θ. **Αιτιολογικοί** - γιατί, επειδή, αφού
   Αφού δε με θέλεις θα φύγω.
   Δεν ήρθε, **γιατί** δεν είχε λεφτά.

ι. **Υποθετικοί** - αν, σαν, άμα
   Αν έχω χρήματα θα αγοράσω ένα ποδήλατο.

κ. **Τελικοί** - να, για να
   Φανερώνουν σκοπό.
   Πηγαίνει στο νυκτερινό σχολείο **για να** μάθει γραφομηχανή.

λ. **Διστακτικοί** - μη(ν), μήπως
   Δείχνουν ενδοιασμό.
   Φοβούμαι **μήπως** στο ταξίδι συναντήσουμε τρικυμία.

μ. **Συγκριτικός** - παρά
   Προτιμώ να περπατώ **παρά** να τρέχω.

50. **Επιφωνήματα**

Με τα επιφωνήματα εκφράζουμε θαυμασμό, έπαινο, πόνο και άλλα συναισθήματα.

Αχ!	Είθε!	Ουφ!
Α μπά!		Αλίμονο!
Μπράβο!	Ε! Ου!	Ε!
Μακάρι!	Αμε!	

50. **Interjections**

The interjections show admiration, praise, pain and other feelings. They are:

Αχ!	Είθε!	Ουφ!
Α μπα!	Αχ!	Αλίμονο!
Μπράβο!	Ε! Ου!	Ε!
Μακάρι!		

c. Those which show antithesis - Αντιθετικοί

μα	- but	ενώ	- while
παρά	- instead of	αν και	- although
αλλά	- but	ωστόσο	- however
όμως	- however		

Θέλει να σπουδάσει **μα** δεν έχει λεφτά - He wants to go to college but he has no money.

Τον φωνάξαμε πολλές φορές **αλλά** δεν ήρθε. - We called him many times but he did not come.

Είναι φτωχός, **ωστόσο** φαίνεται ευτυχισμένος - He is poor, however he seems happy.

d. Explanatory - Επεξηγηματικός

δηλαδή - in other words

Ο Γιάννης, ο Γιώργος κι ο Ανδρέας, **δηλαδή** οι μαθητές που έχουν τους αριθμούς 1, 2 και 3, να έρθουν εδώ.

Let John, George, and Andrew, in other words the students who have numbers 1, 2 and 3, come here.

e. Special - Ειδικοί

πως	- that	ότι	- that
που	- that		

Έμαθα **πως** έφτασε το πλοίο - I heard that the boat arrived.

Ξέρω **ότι** έχει πολλά χρήματα - I know that he has much money.

f. Temporal - Χρονικοί

όταν	- when	μόλις	- as soon as
σαν	- as	προτού	- before
ενώ	- while	ώσπου	- until
καθώς	- as	ωσότου	- until
αφού	- since	όσο που	- until
αφότου	- since	οπότε	- whenever
πριν (να)	- before		

Θα φύγουμε, **όταν** έρθεις. - We will leave when you come.
Θα περιμένουμε **όσο που** να ξημερώσει. - We will wait until daybreak.
Έπεσε κάτω **ενώ** έτρεχε. - He fell down while running.
Θα φύγω **πριν** το μεσημέρι. - I will leave before noon.

g. Causal - Αιτιολογικοί

γιατί	- because	αφού	- since, because
επειδή	- because		

Δεν ήρθε, **γιατί** δεν είχε λεφτά.
He did not come because he had no money.
Αφού δε με θέλεις, θα φύγω.
Since you do not want me, I will leave.

h. Conditional - Υποθετικοί

αν	- if	άμα - if
σαν	- if	

Αν έχω χρήματα, θα αγοράσω ένα ποδήλατο.
If I have money I will buy a bicycle.
Σαν έρθεις, θα μιλήσουμε - If you come we will talk.

i. Purpose - Τελικοί

να	- so that, to
για να	- so that, to

Έχω χρήματα **για να** αγοράσω ένα ποδήλατο.
I have money to buy a bicycle.
Μου έγραψε **να** του στείλω χρήματα
He wrote me to send him money.

j. Hesitating - Διστακτικοί

μη(ν)	- that
μήπως	- in case that

Φοβούμαι **μήπως** στο ταξίδι συναντήσουμε τρικυμία.
I am afraid that we   meet a storm during our voyage.

k. Comparative - Συγκριτικός

παρά	- than

Προτιμώ να περπατώ, παρά να τρέχω - I prefer to walk than to run.

P H M A T A

VERBS

51. Οι χρόνοι μερικών ρημάτων *

	Ενεστώτας Present tense	Παρατατικός Past Continuous	Αόριστος Past Simple	Εξακολουθητικός Μέλ. Future Continuous
I play	= εγώ παίζω	έπαιζα	έπαιξα	θα παίζω
	εσύ παίζεις	έπαιζες	έπαιξες	θα παίζεις
	αυτός παίζει	έπαιζε	έπαιξε	θα παίζει
	εμείς παίζουμε	παίζαμε	παίξαμε	θα παίζουμε
	εσείς παίζετε	παίζατε	παίξατε	θα παίζετε
	αυτοί παίζου	έπαιζαν	έπαιξαν	θα παίζουν
love	= αγαπώ (1)	αγαπούσα	αγάπησα	θα αγαπώ
buy	= αγοράζω (1)	αγόραζα	αγόρασα	θα αγοράζω
light	= ανάβω (1)	άναβα	άναψα	θα ανάβω
go up	= ανεβαίνω (1)	ανέβαινα	ανέβηκα	θα ανεβαίνω
hear	= ακούω (1)	άκουα	άκουσα	θα ακούω
answer	= απαντώ (2)	απαντούσα	απάντησα	θα απαντώ
decide	= αποφασίζω	απεφάσιζα	απεφάσισα	θα αποφασίζω
likes	= αρέσει (1)	άρεσα	άρεσε	θα αρέσει
I put	= βάλλω (1)	έβαλλα	έβαλα	θα βάλλω
I go out	= βγαίνω (1)	έβγαινα	βγήκα	θα βγαίνω
see	= βλέπω (1)	έβλεπα	είδα	θα βλέπω
help	= βοηθώ (3)	βοηθούσα	βοήθησα	θα βοηθώ
brush	= βουρτσίζω (1)	βούρτσιζα	βούρτσισα	θα βουρτσίζω
laugh	= γελώ (1)	γελούσα	γέλασα	θα γελώ
become	= γίνομαι (4)	γινόμουν	έγινα	θα γίνομαι
know	= γνωρίζω (1)	γνώριζα	γνώρισα	θα γνωρίζω
write	= γράφω (1)	έγραφα	έγραψα	θα γράφω
turn	= γυρίζω (1)	γύριζα	γύρισα	θα γυρίζω
show	= δείχνω (1)	έδειχνα	έδειξα	θα δείχνω
read	= διαβάζω (1)	διάβαζα	διάβασα	θα διαβάζω
give	= δίνω (1)	έδινα	έδωσα	θα δίνω
work	= δουλεύω (1)	δούλευα	δούλεψα	θα δουλεύω
am	= είμαι (4)	ήμουν		θα είμαι
continue	= εξακολουθώ (3)	εξακολουθούσα	εξακολούθησα	θα εξακολουθώ
explain	= εξηγώ (3)	εξηγούσα	εξήγησα	θα εξηγώ
come	= έρχομαι (4)	ερχόμουν	ήλθα	θα έρχομαι
ask	= ρωτώ (2)	ρωτούσα	ρώτησα	θα ρωτώ
thank	= ευχαριστώ (3)	ευχαριστούσα	ευχαρίστησα	θα ευχαριστώ
prepare	= ετοιμάζω	ετοίμαζα	ετοίμασα	θα ετοιμάζω
ask	= ζητώ (3)	ζητούσα	ζήτησα	θα ζητώ
live	= ζω (3)	ζούσα	έζησα	θα ζω
wonder	= θαυμάζω (1)	θαύμαζα	θαύμασα	θα θαυμάζω
want	= θέλω	ήθελα	θέλησα	θα θελήσω
remember	= θυμούμαι (4)	θυμόμουν	θυμήθηκα	θα θυμάμαι
get angry	= θυμώνω	θύμωνα	θύμωσα	θα θυμώνω
clean	= καθαρίζω (1)	καθάριζα	καθάρισα	θα καθαρίζω
cultivate	= καλλιεργώ (3)	καλλιεργούσα	καλλιέργησα	θα καλλιεργώ
sit	= κάθομαι (4)	καθόμουν	κάθισα	θα κάθομαι
admire	= καμαρώνω (1)	καμάρωνα	καμάρωσα	θα καμαρώνω
do	= κάνω (1)	έκανα	έκαμα	θα κάνω

Στιγμιαίος Μέλλοντας Future Simple	Παρακείμενος Present Perfect	Υπερσυντέλικος Past Perfect	Συντελεσμένος Μέλλοντας Future Perfect
θα παίξω	έχω παίξει	είχα παίξει	θα έχω παίξει
θα παίξεις	έχεις παίξει	είχες παίξει	θα έχεις παίξει
θα παίξει	έχει παίξει	είχε παίξει	θα έχει παίξει
θα παίξουμε	έχουμε παίξει	είχαμε παίξει	θα έχουμε παίξει
θα παίξετε	έχετε παίξει	είχατε παίξει	θα έχετε παίξει
θα παίξουν	έχουν παίξει	είχαν παίξει	θα έχουν παίξει
θα αγαπήσω	έχω αγαπήσει	είχα αγαπήσει	θα έχω αγαπήσει
θα αγοράσω	έχω αγοράσει	είχα αγοράσει	θα έχω αγοράσει
θα ανάψω	έχω ανάψει	είχα ανάψει	θα έχω ανάψει
θα ανεβώ	έχω ανεβεί	είχα ανεβεί	θα έχω ανεβεί
θα ακούσω	έχω ακούσει	είχα ακούσει	θα έχω ακούσει
θα απαντήσω	έχω απαντήσει	είχα απαντήσει	θα έχω απαντήσει
θα αποφασίσω	έχω αποφασίσει	είχα αποφασίσει	θα έχω αποφασίσει
θα αρέσει	έχει αρέσει	είχε αρέσει	θα έχει αρέσει
θα βάλω	έχω βάλει	είχα βάλει	θα έχω βάλει
θα βγω	έχω βγει	είχα βγει	θα έχω βγει
θα δω	έχω δει	είχα δει	θα έχω δει
θα βοηθήσω	έχω βοηθήσει	είχα βοηθήσει	θα έχω βοηθήσει
θα βουρτσίσω	έχω βουρτσίσει	είχα βουρτσίσει	θα έχω βουρτσίσει
θα γελάσω	έχω γελάσει	είχα γελάσει	θα έχω γελάσει
θα γίνω	έχω γίνει	είχα γίνει	θα έχω γίνει
θα γνωρίσω	έχω γνωρίσει	είχα γνωρίσει	θα έχω γνωρίσει
θα γράψω	έχω γράψει	είχα γράψει	θα έχω γράψει
θα γυρίσω	έχω γυρίσει	είχα γυρίσει	θα έχω γυρίσει
θα δείξω	έχω δείξει	είχα δείξει	θα έχω δείξει
θα διαβάσω	έχω διαβάσει	είχα διαβάσει	θα έχω διαβάσει
θα δώσω	έχω δώσει	είχα δώσει	θα έχω δώσει
θα δουλέψω	έχω δουλέψει	είχα δουλέψει	θα έχω δουλέψει
θα εξακολουθήσω	έχω εξακολουθήσει	είχα εξακολουθήσει	θα έχω εξακολουθήσει
θα εξηγήσω	έχω εξηγήσει	είχα εξηγήσει	θα έχω εξηγήσει
θα έλθω	έχω έλθει	είχα έλθει	θα έχω έλθει
θα ρωτήσω	έχω ρωτήσει	είχα ρωτήσει	θα έχω ρωτήσει
θα ευχαριστήσω	έχω ευχαριστήσει	είχα ευχαριστήσει	θα έχω ευχαριστήσει
θα ετοιμάσω	έχω ετοιμάσει	είχα ετοιμάσει	θα έχω ετοιμάσει
θα ζητήσω	έχω ζητήσει	είχα ζητήσει	θα έχω ζητήσει
θα ζήσω	έχω ζήσει	είχα ζήσει	θα έχω ζήσει
θα θαυμάσω	έχω θαυμάσει	είχα θαυμάσει	θα έχω θαυμάσει
θα θελήσω	έχω θελήσει	είχα θελήσει	θα έχω θελήσει
θα θυμηθώ	έχω θυμηθεί	είχα θυμηθεί	θα έχω θυμηθεί
θα θυμώσω	έχω θυμώσει	είχα θυμώσει	θα έχω θυμώσει
θα καθαρίσω	έχω καθαρίσει	είχα καθαρίσει	θα έχω καθαρίσει
θα καλλιεργήσω	έχω καλλιεργήσει	είχα καλλιεργήσει	θα έχω καλλιεργήσει
θα καθίσω	έχω καθίσει	είχα καθίσει	θα έχω καθίσει
θα καμαρώσω	έχω καμαρώσει	είχα καμαρώσει	θα έχω καμαρώσει
θα κάμω	έχω κάμει	είχα κάμει	θα έχω κάμει

English		Imperfect	Aorist	Future
understand	= καταλαβαίνω (1)	καταλάβαινα	κατάλαβα	θα καταλαβαίνω
go down	= κατεβαίνω (1)	κατέβαινα	κατέβηκα	θα κατεβαίνω
win, earn	= κερδίζω (1)	κέρδιζα	κέρδισα	θα κερδίζω
hold	= κρατώ (2)	κρατούσα	κράτησα	θα κρατώ
swin	= κολυμβώ (2)	κολυμβούσα	κολύμβησα	θα κολυμβώ
say	= λέγω (1)	έλεγα	είπα	θα λέγω
melt	= λυώνω (1)	έλυωνα	έλυωσα	θα λυώνω
gather	= μαζεύω (1)	μάζευα	μάζεψα	θα μαζεύω
learn	= μαθαίνω (1)	μάθαινα	έμαθα	θα μαθαίνω
groq	= μεγαλώνω (1)	μεγάλωνα	μεγάλωσα	θα μεγαλώσω
stay				
stay	= μένω (1)	έμενα	έμεινα	θα μένω
enter	= μπαίνω (1)	έμπαινα	μπήκα	θα μπαίνω
count	= μετρώ (2)	μετρούσα	μέτρησα	θα μετρώ
win	= νικώ (2)	νικούσα	νίκησα	θα νικώ
fast	= νηστεύω (1)	νήστευα	νήστεψα	θα νηστεύω
think	= νομίζω (1)	νόμιζα	νόμισα	θα νομίζω
am ashamed	= ντρέπομαι (4)	ντρεπόμουν	ντράπηκα	θα ντρέπομαι
know	= ξέρω (1)	ήξερα		θα ξέρω
speak	= μιλώ (2)	μιλούσα	μίλησα	θα μιλώ
play	= παίζω (1)	έπαιζα	έπαιξα	θα παίζω
take	= παίρνω (1)	έπαιρνα	πήρα	θα παίρνω
follow	= παρακολουθώ (3)	παρακολουθούσα	παρακολούθησα	θα παρακολουθώ
wait	= περιμένω (1)	περίμενα		θα περιμένω
am hangry	= πεινώ (2)	πεινούσα	πείνασα	θα πεινώ
pass	= περνώ (2)	περνούσα	πέρασα	θα περνώ
fall	= πέφτω (1)	έπεφτα	έπεσα	θα πέφτω
go	= πηγαίνω	πήγαινα	πήγα	θα πηγαίνω
jump	= πηδώ (2)	πηδούσα	πήδησα	θα πηδώ
approach	= πλησιάζω (1)	πλησίαζα	πλησίασα	θα πλησιάζω
pray	= προσεύχομαι (4)	προσευχόμουν	προσευχήθηκα	θα προσεύχομαι
plead	= παρακαλώ (3)	παρακαλούσα	παρακάλεσα	θα παρακαλώ
fight	= παλεύω (1)	πάλευα	πάλεψα	θα παλεύω
present	= παρουσιάζω (1)	παρουσίαζα	παρουσίασα	θα παρουσιάζω
fight	= πολεμώ (2)	πολεμούσα	πολέμησα	θα πολεμώ
wash	= πλένω (1)	έπλενα	έπλυνα	θα πλένω
be careful	= προσέχω	πρόσεχα	πρόσεξα	θα προσέχω
invite	= προσκαλώ (3)	προσκαλούσα	προσκάλεσα	θα προσκαλώ
worship	= προσκυνώ (2)	προσκυνούσα	προσκύνησα	θα προσκυνώ
advance	= προχωρώ (3)	προχωρούσα	προχώρησα	θα προχωρώ
throw	= ρίχνω (1)	έρριχνα	έρριξα	θα ρίχνω
pick up	= σηκώνω (1)	σήκωνα	σήκωσα	θα σηκώνω
get up	= σηκώνομαι (4)	σηκωνόμουν	σηκώθηκα	θα σηκώνομαι
it means	= σημαίνει (1)	σήμαινε		θα σημαίνει
kill	= σκοτώνω (1)	σκότωνα	σκότωσα	θα σκοτώνω
am killed	= σκοτώνομαι (1)	σκοτωνόμουν	σκοτώθηκα	θα σκοτώνομαι
think	= σκέφτομαι (4)	σκεφτόμουν	σκέφθηκα	θα σκέφτομαι
meet	= συναντώ	συναντούσα	:συνάντισα	θα συναντώ
tear	= σχίζω (1)	έσχιζα	έσχισα	θα σχίζω
slaughter	= σφάζω (1)	έσφαζα	έσφαξα	θα σφάζω
forgive	= συγχωρώ (3)	συγχωρούσα	συγχώρεσα	θα συγχωρώ
travle	= ταξιδεύω (1)	ταξίδευα	ταξίδεψα	θα ταξιδεύω
finish	= τελειώνω (1)	τελείωνα	τελείωσα	θα τελειώνω
sing	= τραγουδώ (2)	τραγουδούσα	τραγούδησα	θα τραγουδώ
tremble	= τρέμω (1)	έτρεμα	έτρεμα	θα τρέμω
eat	= τρώγω (1)	έτρωγα	έφαγα	θα τρώγω
run	= τρέχω (1)	έτρεχα	έτρεξα	θα τρέχω
seem	= φαίνομαι (4)	φαινόμουν	φάνηκα	θα φαίνομαι
bring	= φέρνω (1)	έφερνα	έφερα	θα φέρνω

θα καταλάβω	έχω καταλάβει	είχα καταλάβει	θα έχω καταλάβει
θα κατεβώ	έχω κατεβεί	είχα κατεβεί	θα έχω κατεβεί
θα κερδίσω	έχω κερδίσει	είχα κερδίσει	θα έχω κερδίσει
θα κρατήσω	έχω κρατήσει	είχα κρατήσει	θα έχω κρατήσει
θα κολυμβήσω	έχω κολυμβήσει	είχα κολυμβήσει	θα έχω κολυμβήσει
θα πώ	έχω πει	είχα πει	θα έχω πει
θα λυώσω	έχω λυώσει	είχα λυώσει	θα έχω λυώσει
θα μαζέψω	έχω μαζέψει	είχα μαζέψει	θα έχω μαζέψει
θα μάθω	έχω μάθει	είχα μάθει	θα έχω μάθει
θα μεγαλώσω	έχω μεγαλώσει	είχα μεγαλώσει	θα έχω μεγαλώσει
θα μείνω	έχω μείνει	είχα μείνει	θα έχω μείνει
θα μπώ	έχω μπει	είχα μπει	θα έχω μπει
θα μετρήσω	έχω μετρήσει	είχα μετρήσει	θα έχω μετρήσει
θα νικήσω	έχω νικήσει	είχα νικήσει	θα έχω νικήσει
θα νηστέψω	έχω νηστέψει	είχα νηστέψει	θα έχω νηστέψει
θα νομίσω	έχω νομίσει	είχα νομίσει	θα έχω νομίσει
θα ντραπώ	έχω ντραπεί	είχα ντραπεί	
			θα έχω ξέρει
θα μιλήσω	έχω μιλήσει	είχα μιλήσει	θα έχω μιλήσει
θα παίξω	έχω παίξει	είχα παίξει	θα έχω παίξει
θα πάρω	έχω πάρει	είχα πάρει	θα έχω πάρει
θα παρακολουθήσω	έχω παρακολουθήσει	είχα παρακολουθήσει	θα έχω παρακολουθήσει
θα πεινάσω	έχω πεινάσει	είχα πεινάσει	θα έχω πεινάσει
θα περάσω	έχω περάσει	είχα περάσει	θα έχω περάσει
θα πέσω	έχω πέσει	είχα πέσει	θα έχω πέσει
θα πάγω	έχω πάγει	είχα πάγει	θα έχω πάγει
θα πηδήσω	έχω πηδήσει	είχα πηδήσει	θα έχω πηδήσει
θα πλησιάσω	έχω πλησιάσει	είχα πλησιάσει	θα έχω πλησιάσει
θα προσευχηθώ	έχω προσευχηθεί	είχα προσευχηθεί	θα έχω προσευχηθεί
θα παρακαλέσω	έχω παρακαλέσει	είχα παρακαλέσει	θα έχω παρακαλέσει
θα παλέψω	έχω παλέψει	είχα παλέψει	θα έχω παλέψει
θα παρουσιάσω	έχω παρουσιάσει	είχα παρουσιάσει	θα έχω παρουσιάσει
θα πολεμήσω	έχω πολεμήσει	είχα πολεμήσει	θα έχω πολεμήσει
θα πλύνω	έχω πλύνει	είχα πλύνει	θα έχω πλύνει
θα προσέξω	έχω προσέξει	είχα προσέξει	θα έχω προσέξει
θα προσκαλέσω	έχω προσκαλέσει	είχα προσκαλέσει	θα έχω προσκαλέσει
θα προσκυνήσω	έχω προσκυνήσει	είχα προσκυνήσει	θα έχω προσκυνήσει
θα προχωρήσω	έχω προχωρήσει	είχα προχωρήσει	θα έχω προχωρήσει
θα ρίξω	έχω ρίξει	είχα ρίξει	θα έχω ρίξει
θα σηκώσω	έχω σηκώσει	είχα σηκώσει	θα έχω σηκώσει
θα σηκωθώ	έχω σηκωθεί	είχα σηκωθεί	θα έχω σηκωθεί
θα σκοτώσω	έχω σκοτώσει	είχα σκοτώσει	θα έχω σκοτώσει
θα σκοτωθώ	έχω σκοτωθεί	είχα σκοτωθεί	θα έχω σκοτωθεί
θα σκεφτώ	έχω σκεφτεί	είχα σκεφτεί	θα έχω σκεφτεί
θα συναντήσω	έχω συναντήσει	είχα συναντήσει	θα έχω συναντήσει
θα σχίσω	έχω σχίσει	είχα σχίσει	θα έχω σχίσει
θα σφίξω	έχω σφάξει	είχα σφάξει	θα έχω σφάξει
θα συγχωρέσω	έχω συγχωρέσει	είχα συγχωρέσει	θα έχω συγχωρέσει
θα ταξιδέψω	έχω ταξιδέψει	είχα ταξιδέψει	θα έχω ταξιδέψει
θα τελειώσω	έχω τελειώσει	είχα τελειώσει	θα έχω τελειώσει
θα τραγουδήσω	έχω τραγουδήσει	είχα τραγουδήσει	θα έχω τραγουδήσει
θα φάγω	έχω φάγει	είχα φάγει	θα έχω φάγει
θα τρέξω	έχω τρέξει	είχα τρέξει	θα έχω τρέξει
θα φανώ	έχω φανεί	είχα φανεί	θα έχω φανεί
θα φέρω	έχω φέρει	είχα φέρει	θα έχω φέρει

leave	= φεύγω (1)	έφευγα	έφυγα	θα φεύγω
reach	= φθάνω (1)	έφθανα	έφθασα	θα φθάνω
kiss	= φιλώ (3)	φιλούσα	φίλησα	θα φιλώ
wear	= φορώ (3)	φορούσα	φόρεσα	θα φορώ
keep	= φυλάγω (1)	φύλαγα	φύλαξα	θα φυλάγω
call	= φωνάζω (1)	φώναζα	φώναξα	θα φωνάζω
pat	= χαϊδεύω (1)	χάϊδευα	χάϊδεψα	θα χαϊδεύω
greet	= χαιρετώ (2)	χαιρετούσα	χαιρέτησα	θα χαιρετώ
lose	= χάνω (1)	έχανα	έχασα	θα χάνω
applaud	= χειροκροτώ (2)	χειροκροτούσα	χειροκρότησα	θα χειροκροτώ
dance	= χορεύω (1)	χόρευα	χόρεψα	θα χορεύω
comb	= χτενίζω (1)	χτένιζα	χτένισα	θα χτενίζω
hit	= χτυπώ (2)	χτυπούσα	χτύπησα	θα χτυπώ
chant	= ψάλλω	έψαλλα	έψαλα	θα ψάλλω

θα φύγω	έχω φύγει	είχα φύγει	θα έχω φύγει
θα φθάσω	έχω φθάσει	είχα φθάσει	θα έχω φθάσει
θα φιλήσω	έχω φιλήσει	είχα φιλήσει	θα έχω φιλήσει
θα φορέσω	έχω φορέσει	είχα φορέσει	θα έχω φορέσει
θα φυλάξω	έχω φυλάξει	είχα φυλάξει	θα έχω φυλάξει
θα φωνάξω	έχω φωνάξει	είχα φωνάξει	θα έχω φωνάξει
θα χαϊδεύω	έχω χαϊδέψει	είχα χαϊδέψει	θα έχω χαϊδέψει
θα χαιρετήσω	έχω χαιρετήσει	είχα χαιρετήσει	θα έχω χαιρετήσει
θα χάσω	έχω χάσει	είχα χάσει	θα έχω χάσει
θα χειροκροτήσω	έχω χειροκροτήσει	είχα χειροκροτήσει	θα έχω χειροκροτήσει
θα χορέψω	έχω χορέψει	είχα χορέψει	θα έχω χορέψει
να χτενίσω	έχω χτενίσει	είχα χτενίσει	να έχω χτενίσει
να χτυπήσω	έχω χτυπήσει	είχα χτυπήσει	να έχω χτυπήσει
θα ψάλω	έχω ψάλει	είχα ψάλει	θα έχω ψάλει